Un beso de verano

... und viele weitere Kurzgeschichten
aus dem spanischen Alltag

von
Manuel Vila Baleato

PONS 10-Minuten-Lektüren SPANISCH

Un beso de verano ... und viele weitere Kurzgeschichten aus dem spanischen Alltag

von
Manuel Vila Baleato

Alle Personen und Handlungen sind erfunden. Ähnlichkeiten mit lebenden oder verstorbenen Personen und tatsächlichen Begebenheiten wären rein zufällig.

5. Auflage 2024

Projektleitung: Christine Lippet
Redaktion: Natascha G. Remmert
Logoentwurf: Erwin Poell, Heidelberg
Logoüberarbeitung: Sabine Redlin, Ludwigsburg
Titelfotos: Shutterstock/Arcady, shutterstock/Atstock Productions (Holzplatte), shutterstock/GCapture (Leine mit Wäscheklammern und Zetteln)
Einbandgestaltung: Mariela Schwerdt, Design & Feinschliff Studio
Layout: Petra Michel, Essen
Satz: Datagroup Int. SRL, Timisoara
Druck: Multiprint Ltd., Kostinbrod

ISBN: 978-3-12-562277-7

Schenken
Sie diesem Vorwort
10 Minuten Zeit !

Die Geschichten

Perfekt für 10 Minuten!
In diesem Buch finden Sie 15 kurze spanische Geschichten, mit denen Sie wunderbar jede Pause, Wartezeit oder Busfahrt verkürzen können.

Mit locker-leichten Geschichten lernen Sie den **spanischen Alltag** kennen und erweitern mühelos Ihren Spanisch-Wortschatz zu grundlegenden Themen.

Lesefreundlich!
Worthilfen stehen direkt über dem Wort, z.B.: Haus **casa**.
So können Sie weiterlesen, ganz ohne Blättern im Wörterbuch. Manche Wörter sind **rot** markiert. Das sind Wörter, die in den **Mind-Maps** auftauchen. Dazu mehr auf der nächsten Seite!

Platz für Notizen
Der große Zeilenabstand bietet auch Raum für Ihre eigenen Eintragungen.

Die Mind-Maps

Das wird Ihr Gehirn lieben!
Unser Gehirn freut sich über Strukturen. Es sortiert Dinge gerne in Gruppen, da es sie sich so leichter merken kann.

Natürlicher Gedankengang
Wenn Sie an einen Begriff denken, dann meistens nicht an diesen allein! In der Regel haben Sie, wie auf einer Gedanken-Landkarte (Mind-Map), verwandte Dinge vor Augen.

Wortfelder statt Listen
Auch Wörter lassen sich in thematisch zusammenhängenden Gruppen viel einfacher lernen und merken als in umfangreichen Listen.

Deshalb finden Sie nach jeder Geschichte eine **Mind-Map**, die das zentrale Thema der Geschichte in Form von Vokabeln aufgreift und weiterführt. Hier begegnen Ihnen die rot markierten Wörter aus den Geschichten wieder und viele weitere. Sie sind thematisch gruppiert und liebevoll illustriert.

Viel Spaß & Erfolg beim Entdecken wünscht Ihnen die PONS-Redaktion

INHALT

Una cita romántica

romantisches Date

Por fin era viernes. Reconozco que yo, aunque acababa de cumplir 32 años poco antes, fui a aquella **cena** (Abendessen) con el **nerviosismo** (Nervosität) de un adolescente enamorado. Durante toda la semana no había dejado de pensar, impaciente, en la llegada del viernes por la noche.

Ya en mi primer día de trabajo en la empresa había visto a aquella chica tan atractiva: alta, rubia, delgada, con unos ojos verdes enormes y el pelo largo y una sonrisa de actriz de Hollywood de los años 50. Tengo que reconocer que al principio pensé que **se maquillaba** (sich schminkte) demasiado. A mí normalmente me gustaban las chicas más naturales, pero la verdad es que desde que la vi por primera vez, no me la pude **quitar de la cabeza** (aus dem Kopf kriegen). Aquella mujer era simplemente espectacular.

Después de varios meses, por fin había reunido el **valor** (Mut) suficiente para **invitarla a cenar** (sie zum Abendessen einzuladen). Cuando ella aceptó mi propuesta, apenas pude **aguantar** (zurückhalten) la alegría. **Estaba ilusionado** (Ich war begeistert) de verdad, tanto, que incluso los compañeros de oficina me veían la emoción en la cara.

Reservé una mesa (Ich reservierte einen Tisch) en uno de los mejores restaurantes de la ciudad y me puse una camisa clara y americana azul para la ocasión, elegante pero informal. Consideré la posibilidad de **comprar flores** (Blumen zu kaufen), pero luego pensé que no era buena idea porque quizás a ella le podría parecer demasiado **cursi** (kitschig) aparecer con un ramo de rosas rojas en la primera cita.

Llegué puntual (Ich kam pünktlich) a nuestro punto de encuentro, y aunque estaba un poco nervioso, **no me molestó** (störte es mich nicht) demasiado esperar los cinco minutos que ella **se retrasó** (sich verspätete).

Pero cuando por fin la vi aparecer al final de la calle, comprobé sorprendido que, lamentablemente, ella no venía sola. Venía con él, pero además, pude ver como ella lo **acariciaba** (streichelte) cariñosamente con la mano.

Intenté mantener la sonrisa y saludé de modo **amistoso** (freundlich), pero ya antes de llegar al restaurante me di cuenta de que yo había empezado a **pasar a un segundo plano** (in den Hintergrund zu rücken).

Entramos en el local y el *maître* nos saludó, para acompañarnos a continuación hasta nuestra mesa, al fondo del comedor. Cuando un **camarero** (Kellner) nos trajo la **carta** (Karte), yo traté de impresionarla eligiendo un gran reserva del año 2012. Mientras yo pronunciaba con mi francés de instituto la marca de aquel vino carísimo, observé como ella no me escuchaba y solo lo miraba a él intensamente.

Allí estaban los dos, uno frente al otro, como **bobos** (Dummköpfe), sin decirse nada; y ella le ofrecía una sonrisa que **era cómplice** (komplizenhaft war) de algún chiste que yo desconocía.

Durante el **primer plato** (ersten Gangs) me sentí un par de veces **en fuera de juego** (ausgegrenzt). Ella lo tocaba por momentos con uno de sus preciosos dedos de un modo tan sensual que yo me moría de **envidia** (Neid) por dentro. Mientras ella le dedicaba toda su atención, él parecía no darle demasiada importancia, y únicamente miraba el **techo** (Decke) del local en silencio.

Durante el **segundo plato** [zweiten Gang] decidí **tomar la iniciativa** [die Initiative zu ergreifen] y conseguí marcar el ritmo de la conversación. Ella se animó a charlar un poco más pero, aun hablando conmigo, sus ojos sensuales se iban una y otra vez hacia él, y le dedicaba todo el rato sonrisas **pícaras** [verschmitzt] que yo seguía sin poder interpretar.

Cuando nos trajeron unas espectaculares **natillas** [Cremedesserts] de **postre** [Nachtisch], ella no dejaba de mostrárselas a él, en lugar de disfrutar tranquilamente de aquellas *delicatessen*. Mientras tanto, yo ya empezaba a dudar de mi presencia en aquella cita a tres.

Durante la **sobremesa** [Zeit nach dem Essen], con el café y un par de chupitos de licor, recuperé un poco de esperanza y pensé que quizás podría llevarme finalmente la victoria en aquella terrible lucha para lograr su atención. Aunque no teníamos los mismos gustos sobre música o cine, logré hacerla reír un par de veces con alguna divertida anécdota de mi juventud.

Después de ese pequeño **avance** [Fortschritt], yo ya **estaba animado** [war ermutigt] de nuevo y creí en mí una vez más. Entonces fui al baño, y como en la escena de una mala película, le dije a mi yo en el espejo que debía luchar hasta el final para **conquistar** (erobern) a mi atractiva compañera.

Pero cuando volví al comedor del restaurante, la imagen no pudo ser más triste para mí. Allí seguían los dos, y ella lo miraba todavía con su sonrisa cómplice, sin apenas notar que yo ya no estaba sentado a la mesa. El alto volumen de sus risas era la demostración más clara de que ella estaba pasando un rato divertido con él, y de que si alguien estaba de más en aquella cita, **indiscutiblemente** (unbestreitbar), ese era yo.

Cuando el camarero se acercó a nuestra mesa y nos trajo la **cuenta** (Rechnung), yo pagué la suma total, mientras él, como **ausente** (abwesend), no **emitió** (von sich gab) ni un solo sonido.

Entonces pensé, como último intento, en atacar con un golpe de efecto. Propuse **ir a bailar** (tanzen zu gehen), animado y pensando que aquella podría ser mi carta ganadora. Ella aceptó, y por un momento tuve la impresión de que la idea le gustaba, pero de camino a la discoteca de moda de la ciudad, él fue capaz de **imponer** (aufzuzwingen) de nuevo su voluntad. Una vez más, él había ganado la partida.

Aquella chica que tanto me había gustado, me dejó completamente solo allí mismo, en el medio de la calle, después de disculparse con una simple y absurda frase.

leer
"Lo siento, pero es que está prácticamente **agotado**", me dijo, y
Ladegerät
se fue a su casa con él, en busca de un **cargador** para devolver a
verschwendet hatte
la batería de su móvil toda la energía que yo **había malgastado** en ella.

llegar puntual
pünktlich kommen

quedar (con)
sich verabreden (mit)

invitar a cenar
zum Abendessen einladen

maquillarse
sich schminken

antes de la cita
vor dem Date

reservar una mesa
einen Tisch reservieren

ponerse guapo/-a
sich hübsch machen

comprar flores
Blumen kaufen

la cita romántica
romantisches Date

estar enamorado/ -a (de)
verliebt sein (in)

estar ilusionado/-a
begeistert sein

las sensaciones
Empfindungen/Gefühle

el nerviosismo
Nervosität

estar animado/-a
ermutigt sein

(no) quitarse (algo/a alguien) de la cabeza
(etwas/jemanden) (nicht) aus dem Kopf kriegen

las actividades para una cita

Aktivitäten für ein Date

ir a tomar algo
etwas trinken gehen

ir a un concierto
in ein Konzert gehen

ir al cine
ins Kino gehen

comer/cenar
zu Mittag/Abend essen

ir al teatro
ins Theater gehen

ir a bailar
tanzen gehen

cocinar
kochen

pasear
spazierengehen

la cena

Abendessen

la propina
Trinkgeld

el/la camarero/-a
Kellner/-in

la cuenta
Rechnung

la carta
Speisekarte

la sobremesa
Zeit nach dem Essen

el primer plato
erster Gang/Vorspeise

el postre
Nachtisch

el segundo plato
Hauptgang

Soñar despierto

Mi abuelo Paco creció en los tiempos en los que no había ni móviles ni internet. Pero tampoco televisión o teléfono, y él recordaba la llegada de la primera radio a casa como un **acontecimiento** (Ereignis) que significaba una ventana abierta al mundo. A través de aquella caja negra, situada en el privilegiado centro de la mesa de la sala de estar, Paquito escuchó los **goles** (Tore) del Real Madrid para ganar una **Copa de Europa** (Europapokal) tras otra durante varios años **consecutivos** (hintereinander) a finales de los años 50 del siglo pasado.

En aquella época **tener buena memoria** (ein gutes Gedächtnis zu haben) era mucho más práctico e importante que en los tiempos de hoy, en los que todas las discusiones o controversias se terminan con una búsqueda en un buscador de internet que quita o da la razón en pocos segundos. Pero además de su inteligencia y buena memoria, la curiosidad y las ganas de aprender de Paquito eran enormes. Y le encantaba **leer** (lesen). Leía todo lo que caía en sus manos. Muchos años después, mi abuela **solía decir** (pflegte zu sagen) que leía los **periódicos** (Zeitungen) como un **libro** (Buch), desde la primera hasta la última **página** (Seite), sin saltarse ni una sola **línea** (Zeile).

En una casa con pocos o ningún libro adecuado para chicos de su edad, otra ventana enorme se abrió para él cuando nació la primera **biblioteca municipal** (Stadtbibliothek) del pueblo. Aquel día quedó para siempre en su cabeza como el principio de una nueva vida. A sus 13 años descubrió mundos nuevos que no conocía y se sintió como el Sandokán de Emilio Salgari en *Los piratas de Malasia* y como Dick Sand en *Un capitán de quince años* de Julio Verne.

Paquito, que siempre había sido muy buen estudiante y sacaba muy buenas notas, se aburría en las clases de don Severo **cada vez más** (immer mehr). Todos los días deseaba salir de la escuela para entrar por fin en aquellos mares de páginas que lo transportaban a *La isla del tesoro* de la mano de Robert Louis Stevenson o a un *Viaje al centro de la tierra* con Julio Verne, quizás su autor favorito, quien también lo llevó a *Veinte mil* **leguas** (Meilen) *de viaje submarino* y a *La vuelta al mundo en 80 días*.

Gracias a la puerta a un universo inmenso que era su **carné de socio** (Mitgliedsausweis) de la biblioteca, Paquito Cercas experimentó con Karl May *La* **venganza** (Rache) *de Winnetou* y con Daniel Defoe y su *Robinson Crusoe* llegó a una **isla desierta** (einsame Insel).

Todas las tardes, cuando terminaba sus clases y los deberes, después de ayudar a sus padres en las tareas de casa, la imaginación de Paquito **se sumergía** (tauchte ein) en las vidas de aquellos **personajes** (Figuren) de las **distintas novelas** (unterschiedlichen Romane) que estaba leyendo y se veía a sí mismo como **protagonista** (Hauptfigur) de sus mil aventuras. Aquellas **ediciones de bolsillo** (Taschenbuchausgaben) con sus **ilustraciones** (Illustrationen) en blanco y negro eran para él también una **fuente de entretenimiento** (Quelle der Unterhaltung) y, además de disfrutar, tenía la sensación de que a veces aprendía tanto como en las clases de don Severo.

Muchas noches, el pequeño Paco se quedaba despierto y leía sin pausa aquellas novelas. Muchas veces era su padre el que, en mitad de la noche, **apagaba** (ausmachte) la luz de su habitación mientras él dormía con una sonrisa en la cara y soñaba que estaba muy lejos de aquella cama.

Cuando por la mañana su madre lo despertaba para ir a la escuela, Paquito se levantaba con mucho **esfuerzo** (Anstrengung) y sentía que sus **párpados** (Augenlider) pesaban varios kilos.

Aquel chico que **devoraba** (verschlang) un libro tras otro todavía no sabía que también él, en algún día futuro, sería un gran **escritor** (Schriftsteller) y que una de las **editoriales** (Verlage) más importantes del país **publicaría** (würde veröffentlichen) sus **cuentos** (Märchen) y **relatos cortos** (Kurzgeschichten). Con el paso del tiempo, algunos de ellos tuvieron un gran éxito y llegaron a miles de **lectores** (Leser) en todo el país. Sus libros más conocidos y populares también se publicaron, traducidos a otras lenguas, en diferentes países de Europa.

Después de una de aquellas largas noches en las que los libros le robaban las horas al sueño, Paquito llegó a la escuela especialmente cansado.

Aquella mañana don Severo explicaba una vez más, y ya con la paciencia al límite ante las dificultades de algunos de sus alumnos, el "fascinante" mundo de las **ecuaciones de segundo grado** (quadratischen Gleichungen). Mientras el profesor intentaba aclarar con un ejemplo en la **pizarra** (Tafel) cómo **resolver** (lösen) aquel caos matemático, la cara de Paquito **descansaba** (ruhte) sobre su mano derecha, con el **codo** (Ellbogen) apoyado encima de la mesa.

Poco después de empezar la clase, los ojos de mi abuelo luchaban con furia por mantenerse abiertos ante la **atenta** (aufmerksamen) mirada de aquel profesor de la vieja escuela. Solo unos minutos más tarde Paquito dormía profundamente con la boca abierta para la risa de sus compañeros y la **ira** (Zorn) de don Severo, que lo despertó de un grito:

—¡Paco Cercas, salga usted a la pizarra ahora mismo a resolver esa ecuación!

Mi abuelo **se asustó** (erschreckte sich) muchísimo, pero se levantó muy rápido y observó todos aquellos números en la pizarra al mismo tiempo que cogía una **tiza** (Kreide) en la mano para resolver la ecuación.

Don Severo y todos sus alumnos guardaron silencio durante varios segundos mientras mi abuelo comenzó a escribir, muy concentrado, los números que llevaban a la solución de aquel ejercicio en la clase de Matemáticas.

Cuando terminó con su tarea, solo unos minutos más tarde, Paquito se giró para buscar la mirada de su profesor que, de pie en medio de la clase, le dijo muy serio, para la sorpresa de todos sus compañeros:

—Muy bien, Cercas, muy bien. Ahora puede usted volver a su sitio y seguir durmiendo.

el libro de no ficción
Sachbuch
la novela
Roman
el relato corto
Kurzgeschichte
los géneros literarios
literarische Gattungen
el cuento
Märchen
la fábula
Fabel
el poema
Gedicht
la comedia
Komödie
el drama
Drama
la literatura
Literatur
devolver
zurückgeben
reservar
vormerken
tomar prestado
ausleihen
el carné de socio/-a
Mitgliedsausweis
la biblioteca municipal
Stadtbibliothek
prolongar
verlängern
el/la lector/-a
Leser/-in
la sanción
Versäumnisgebühr
el plazo
Leihfrist

la página
Seite

la letra
Buchstabe/Schrift

la portada
Cover

el/la escritor/-a
Schriftsteller/-in

el libro

Buch

la línea
Zeile

el párrafo
Abschnitt

la ilustración
Illustration

el personaje
Figur

leer
lesen

el/la protagonista
Hauptfigur

la editorial
Verlag

escribir
schreiben

publicar

veröffentlichen

el/la editor/-a
Herausgeber/-in

la edición
Auflage

corregir
korrigieren

la edición de bolsillo
Taschenbuchausgabe

La ventana indiscreta

"Tres meses de **baja médica** (Krankschreibung)". Adriana apenas podía creer lo que leía en el informe que el doctor le acaba de entregar. Ella, que a sus 52 años casi nunca estaba enferma y no faltaba jamás al trabajo, tenía que quedarse en casa durante tres meses sin ir a la oficina. Soltera y sin hijos, Adriana sabía que estar sola en casa tanto tiempo no iba a ser fácil para ella.

Y todo por un absurdo accidente con aquel chico que iba como un loco con su **patinete eléctrico** (E-Scooter) por la calle... Después de hablar con su **abogado** (Rechtsanwalt), Adriana había presentado una **denuncia** (Anzeige) en la **policía** (Polizei). Con todo, estaba segura de que todo terminaría en el **juzgado** (Gericht) con una pequeña **multa** (Geldstrafe) para el joven y mucha frustración para ella. Ahora tenía que llevar una **escayola** (Gips) durante seis semanas en su pie derecho, y luego todavía empezaba la rehabilitación...

Tal y como había dicho el doctor, los primeros días fueron de descanso casi total. Las 24 horas de su día se dividían casi por partes iguales entre el sofá y la cama, además de pequeñas interrupciones para ir al baño o a la nevera.

Después de ver las tres primeras **temporadas** (Staffeln) completas de la serie americana de moda, leer dos **novelas policiacas** (Kriminalromane) y entrar en las redes sociales 84 veces al día, Adriana estaba **aburrida** (gelangweilt) y **harta de todo** (hatte alles satt). Seis días en casa sin salir eran suficientes para sentirse como un animal en un zoo.

Para ver a gente **de carne y hueso** (aus Fleisch und Blut), decidió poner un sillón al lado de la ventana. Y allí estaba sentada cuando vio que en la casa de enfrente, vacía desde el año anterior, entraba un hombre fuerte con barba y el pelo largo, de unos 30 años, con una caja de cartón enorme en sus manos. Después de unos minutos, el chico salió de nuevo y dejó la puerta abierta mientras cogía de su coche otras dos cajas bastante grandes. Desde su ventana, Adriana pudo ver al joven en su piso **colocando** (wegräumen) platos y vasos en la cocina. Diez minutos y tres cajas de mudanza después, el hombre desapareció de nuevo en su coche.

Una hora más tarde, sonó el timbre de la casa de Adriana. Después de caminar con dificultad por la escayola abrió la puerta, y frente a ella se encontró a aquel desconocido:

—¡Hola! Me llamo Ramón y soy el nuevo vecino de enfrente. Te he visto antes en la ventana y como todavía no conozco a nadie, quería presentarme.

Adriana lo saludó, pero le dijo amablemente que no tenía tiempo y se despidió bastante rápido de aquel hombre tan raro. Un poco nerviosa, volvió a la lectura de su libro.

Aunque no le gustaba **reconocerlo** (es zuzugeben), Adriana pensó que **echaba de menos** (vermisste) el trabajo y a sus compañeros. Por suerte, de vez en cuando le escribían en el grupo de WhatsApp o le mandaban alguna foto para **animarla** (sie aufzumuntern) y desearle una rápida **recuperación** (Genesung). Con esos pensamientos se quedó dormida en el sofá, hasta que una tormenta de verano la despertó de repente. Ya era de noche cuando un **rayo** (Blitz) y la lluvia contra la ventana le dieron un pequeño **susto** [Schreck]. Miró su reloj para comprobar que ya eran las once de la noche. En la calle ya no había gente y la luz de las **farolas** [Straßenlaternen] se encendía y apagaba por la tormenta como en una película de terror. Pero lo que vio entonces a través de su ventana la asustó muchísimo más.

Su nuevo vecino aparcó delante de la casa de enfrente pero esta vez, en lugar de cajas de mudanza, sacó de su coche algo que parecía el **cadáver** [Leiche] de una persona.

Aunque estaba oscuro y no se veía bien, Adriana vio como el hombre llevaba en sus brazos, cubierto con una toalla enorme, el cuerpo de una mujer joven.

Muy nerviosa, Adriana pensó en llamar inmediatamente a la policía. Poco después se encendió la luz en el piso de su nuevo vecino y por eso ella esperó todavía unos segundos. Entonces lo vio de nuevo a través de la ventana de su cocina, pero esta vez el hombre tenía un cuchillo enorme en la mano. Adriana no lo pensó más y cogió su móvil para llamar a la **comisaría** [Polizeirevier] más cercana pero, asustada, comprobó que no tenía **cobertura** [Empfang].

Adriana caminó con su escayola todo lo rápido que pudo para alcanzar su **teléfono fijo** (Festnetztelefon) y llamar por fin a la policía. Ella no sabía si aquel hombre **había secuestrado** (gekidnappt hatte), **violado** (vergewaltigt hatte) o **asesinado** (ermordet hatte) a su **víctima** (Opfer), pero estaba claro que tenía un **arma** (Waffe) y la pobre chica no se podía defender. No era necesario ser **detective** (Detektiv) para ver que todo aquello, y a aquella hora de la noche, era demasiado raro...

Esta vez, cuando llamó con su teléfono fijo, escuchó una voz metálica que le decía: "Por problemas en la **red** (Netz), no es posible **establecer** (herstellen) la conexión".

Cada vez más nerviosa, Adriana pensaba que tenía que **salvar** (retten) la vida de aquella mujer, o por lo menos intentarlo, además de evitar la destrucción de las **pruebas** (Beweise) del **delito** (Straftat).

Sin cobertura ni conexión telefónica, no tenía otra alternativa que ir ella misma a la casa de su vecino.

En la calle llovía con fuerza y los rayos iluminaban por momentos una calle en la que ya no funcionaban las farolas, pero Adriana se llenó de **valor** (Mut), cogió un cuchillo de cocina y se fue al edificio de enfrente. Sabía que era muy peligroso, pero también que, aún con su escayola, no podía quedarse de brazos cruzados.

Muerta de miedo, vio que el portal estaba abierto y subió las escaleras muy despacio y con cuidado. Cuando llegó a la puerta del piso, escondió el cuchillo detrás de su espalda y tocó el timbre.

Unos segundos más tarde abrió la puerta una mujer joven en
Rollstuhl
una **silla de ruedas**, que con una sonrisa enorme, la invitó a entrar:

—¡Hola! Tú debes de ser la vecina de enfrente, ¿no? Yo me llamo Laura. ¡Pasa, por favor! Ya sé que es un poco tarde, pero mi marido está cortando ahora mismo una pizza. ¿Te apetece comer o beber algo con nosotros?

matar/asesinar
töten/ermorden

traficar droga
mit Drogen handeln

secuestrar
kidnappen

los delitos y crímenes
Straftaten und Verbrechen

robar
stehlen

violar
vergewaltigen

amenazar
(be)drohen

acosar
belästigen

golpear
schlagen

seguir
(ver)folgen

el/la sospechoso/-a
Verdächtige/-r

la prueba
Beweis

la investigación
Ermittlung

vigilar
überwachen

la víctima
Opfer

el arma
Waffe

el/la delincuente
Straftäter/-in

la huella dactilar
Fingerabdruck

el cadáver
Leiche

el/la inspector/-a
Inspektor/-in

la comisaría
Polizeirevier

ser (i)legal
(il)legal sein

en la policía
bei der Polizei

el/la policía
Polizist/-in

denunciar
anzeigen

el/la detective
Detektiv/-in

detener
verhaften

el/la comisario/-a
Kommissar/-in

la denuncia policial
Anzeige bei der Polizei

el juzgado
Gericht

la sentencia
Urteil

declarar
aussagen

el juicio
Gerichtsverfahren

el/la juez/-a
Richter/-in

el/la abogado/-a
Anwalt/Anwältin

el/la fiscal
Staatsanwalt/Staatsanwältin

la multa
Geldstrafe

el/la testigo
Zeuge/Zeugin

Cuatro mensajes de voz

Dani a Lucía

Este es el **buzón de voz** (Voicemail) *de Lucía Martínez. Deje su mensaje después de la señal (Pip).*

—Hola, Lucía, soy Dani. Preferiría hablar contigo, pero te he llamado varias veces y **no me coges** (du gehst nicht dran). Supongo que todavía estás **furiosa** (wütend) después de mi gran error: terminar nuestra **relación** (Beziehung). Sé que no soy la primera persona que **se arrepiente** (bereut) **de romper** (Schluss gemacht zu haben) con su **pareja** (Partner) y luego no deja de pensar en ella. Todavía no sé cómo pude hacer algo así. Dos meses después estoy seguro de que **me equivoqué** (ich mich geirrt habe). La última vez que hablamos me dijiste que preferías no verme. Prometí **dejarte en paz** (dich in Ruhe zu lassen), pero es que aunque suene a tópico de película romántica, **te echo tanto de menos** (ich vermisse dich so sehr) que me cuesta imaginar mi vida sin ti. Las últimas semanas han sido horribles. Me despierto y busco tu olor entre las **sábanas** (Bettwäsche), pero

ihn zu vergessen
ya no lo encuentro y tengo miedo de **olvidarlo**. La gente me dice
die Zeit alle Wunden heilt
que **el tiempo todo lo cura**, pero yo me siento como un enfermo
Wunde
terminal que ya solo puede empeorar. Cada día mi **herida** es
más grande porque sé que cada vez es más difícil que vuelvas a
das Kapitel abgeschlossen hast
mi lado. Supongo que tú **has pasado página** y tu vida sin mí es
ya "lo normal". Para mí es todo lo contrario. Recuerdo momentos
contigo que había olvidado. El otro día me emborraché y traté de
Lücke Abwesenheit
llenar el **hueco** de tu **ausencia** con Marta, que acabó nadando
entre mis lágrimas y el alcohol que corría por mi cuerpo. Después
ich mit ihr geschlafen hatte mich zu übergeben
de **acostarme con ella** corrí al baño a **vomitar**. Ella no tiene la
Schuld
culpa de nada. Al día siguiente me mandó un mensaje de voz,
ich dir wehgetan habe
pero no hemos hablado desde entonces. Sé que **te hice daño**
ich dich verließ Entschuldigungen
al **dejarte** y soy consciente de que mis **disculpas** llegan tarde.
Vertrauen
También entiendo que mi inseguridad afecte a tu **confianza**, pero
no puedo estar sin ti. A veces imagino que te pido que lo olvides
todo, que empecemos de nuevo. No sé si todavía estás escuchando
este mensaje, pero me despido con dos palabras que jamás te
había dicho durante nuestra relación: Lucía, TE NECESITO. Dani.

Marta a Dani

Mensaje de audio:

—Dani, siento mucho lo de ayer. Sé que no tenía que pasar y prefiero que lo **borremos** (streichen) de nuestras memorias para siempre: una estúpida borrachera, nada más. No quiero buscar **excusas** (Ausreden) absurdas para justificar una simple atracción física o un **amor** (Liebe) juvenil frustrado, pero confío en que sepas **perdonarme** (mir verzeihen). Te juro que no contaré a nadie lo de ayer. Lucía jamás tiene por qué saber algo que le haría mucho daño. No se trata de **mentir** (zu lügen). En ocasiones, **ocultar** (zu verheimlichen) una verdad a alguien que quieres puede ser una gran **muestra** (Beweis) de amor. Es evidente que todavía quieres a Lucía, así que lucha por ella. El alcohol ya ha borrado de mi memoria la noche de ayer. Te deseo todo lo mejor.

Marta

Víctor a Lucía

Mensaje de audio:

—Lucía, te he llamado mil veces y no contestas. Odio estos mensajes de voz, pero tengo que decirte que lo siento. Lo que pasó ayer por la noche fue un accidente. Comprendo que tus circunstancias personales no te permiten estar abierta a una nueva relación y yo he sido tan **torpe** (ungeschickt) que no lo he visto. Lamentablemente, ya no puedo volver atrás, así que solo me queda **pedir disculpas** (um Entschuldigung zu bitten) por robarte unos **besos** (Küsse) con sabor a **ginebra** (Gin) que juro no compartir nunca con nadie. Sabes que me gustas desde hace tiempo, pero ahora tengo más claro que nunca que todavía **estás enamorada de** (du verliebt bist in) Dani. Lo comprendo y lo acepto. Por eso, como amigo, te deseo que seas feliz a su lado. Borra para siempre esas cuatro horas de frustración y alcohol. Habla con él e intenta arreglar las cosas. Sé muy feliz.

Víctor

Lucía a Dani

El número 623 879 547 está apagado o fuera de cobertura, deje su mensaje después de la señal (Pip):

—Dani, por favor, escucha este mensaje hasta el final. No sé si tienes el móvil apagado para evitar esta llamada, pero necesito hablar contigo. Durante las últimas semanas he pensado muchas veces en pedirte otra **oportunidad** (Chance). Lo he soñado cada noche. Algunas veces me besabas y me decías que tampoco podías vivir sin mí. Otras me despertaba entre lágrimas y veía en el espejo lo poco que queda de mí. La última vez que nos vimos te dije que para mí es imposible ser tu amiga, que necesitaba espacio. ¿Cómo podría ser tu amiga si cada vez que te veo deseo besarte? Ayer **toqué fondo** (habe ich den Tiefpunkt erreicht). Los chicos **se pusieron pesados** ((ugs.) haben genervt) y salí a tomar una copa: "No puedes quedarte todo el día en casa. Lucía, la vida sigue, con o sin Dani".

Ninguno de ellos entiende lo que siento dentro de mí. Bebí tanto que la noche tiene en mi memoria tantas **lagunas** (Lücken) como **huecos** (Löcher) tiene mi corazón. Me recuerdo en brazos de Víctor. Me dejé llevar y, sin darme cuenta, me vi **desnuda** (nackt) en su cama. Entonces me levanté y corrí al baño. Al otro lado de la puerta él me preguntaba si me encontraba bien, pero yo lo único que necesitaba era ducharme y salir de allí. He llegado a **odiar** (hassen) a Víctor, sin pensar que la única culpable soy yo. Sé que esto hace casi imposible que vuelvas conmigo y quizás ya no quieras volver a verme jamás. Lo entiendo, pero tenía que decírtelo yo.

Y también que sin ti no vivo. Dani, **¡TE QUIERO!** (Ich liebe dich!)

Lucía.

estar furioso/-a
wütend sein

dejar en paz
in Ruhe lassen

odiar
hassen

romper una relación
eine Beziehung beenden

ser (in)fiel
(un)treu sein

hacer daño
wehtun

mentir
lügen

dejar
verlassen

el amor
Liebe

perdonar
verzeihen

equivocarse
sich irren

la culpa
Schuld

pedir disculpas
um Entschuldigung bitten

arrepentirse de algo
etwas bereuen

olvidar
vergessen

la oportunidad
Chance

la excusa
Ausrede

reconciliarse
sich versöhnen

estar enamorado/-a (de)
verliebt sein (in)

la pasión
Leidenschaft

el flechazo
Liebe auf den ersten Blick

enamorarse (de)

sich verlieben (in)

el beso
Kuss

la pareja
Partner/-in

¡Te quiero!
Ich liebe dich!

la confianza
Vertrauen

echar de menos
vermissen

acostarse con alguien
mit jemandem schlafen

celebrar
feiern

la invitación
Einladung

prometerse
sich verloben

la boda

Hochzeit

el marido
Ehemann

casarse
heiraten

la esposa
Ehefrau

la iglesia
Kirche

el matrimonio
Ehe/Ehepaar

casarse por lo civil
standesamtlich heiraten

Curso del 99

+600140235 te añadió al grupo "Curso del 99".

Recibí aquella solicitud de un número desconocido una tarde de octubre y la acepté después de leer un mensaje con mi nombre: "Hola, Pablo: soy Inma Martínez, tu compañera de **instituto** [Gymnasium], ¿me recuerdas? Estamos organizando una cena estas Navidades para celebrar el 20 aniversario de nuestra **graduación** [Schulabschluss]. Ayer casualmente vi a tu madre y me dio tu teléfono. ☺ ¿Te apuntas a la cena del próximo 26 de diciembre con (casi) toda la clase del 99?"

Tras superar el shock inicial al ser **consciente** [bewusst] de que en el año 2019 ya se cumplían dos décadas desde aquel verano del 99, me pregunté si, después de 20 años viviendo a 600 kilómetros de la casa de mis padres, realmente era una buena idea ir a esa cena.

Antes de contestar busqué entre los 33 números de teléfono del grupo el nombre de Ana Díaz, mi gran amor de **adolescencia** (Jugend), la chica que me dio el **primer beso** (ersten Kuss) para luego cortar conmigo y **destrozarme** (zerstören) el corazón. Finalmente la encontré entre Víctor "el Gordo" y Marta "**la Granos**" (die Picklige). En su foto de perfil solo se veía una puesta de sol, así que me quedé con las ganas de ver su aspecto actual.

Las imágenes que se veían de otros compañeros sí **revelaban** (verrieten) bastante más sobre las diferentes **etapas de sus vidas** (Lebensabschnitte): en la de Pedro Abad se podía ver un bebé que **gateaba** (krabbelte) y sonreía, Laura Paz corría con un **dorsal** (Rückennummer) y una camiseta **rosa fosforito** (neon-pink) y Marina mostraba orgullosa que **se había casado** (geheiratet hatte) de blanco y por la iglesia.

Yo no mostraba en mi foto de perfil que **tenía pareja** (ich eine Partnerin hatte) y dos hijos, pero sí la **portada** (Cover) de mi última novela. Si es verdad la teoría de que en esta vida también hay que **plantar un árbol** (einen Baum pflanzen), yo todavía **confiaba** (vertraute) en hacerlo algún día en el jardín de mi propia casa.

Cotilleé (Ich durchstöberte) un rato las fotos de compañeros en traje y corbata que **apenas** (kaum) era capaz de asociar a mis recuerdos de ellos en **chándal** (Trainingsanzug) y deportivas y me decidí a contestar:

"Hola, gente ☺ Como cada año por Navidad, iré a cenar en Nochebuena con mis padres, así que espero veros a todos el día 26 👍"

La verdad era que yo estaba muy desconectado de toda la gente de mi **infancia** (Kindheit) y no era precisamente de los que conserva a sus amigos de la **guardería** (Kindergarten). Las dos veces al año que visitaba a mis padres quedaba con algún conocido, pero mis verdaderas amistades actuales empezaron cuando me fui a estudiar a la **universidad** (Universität) en la capital. Yo no usaba las **redes sociales** (soziale Netzwerke), así que no tenía contacto con gente que no había visto en casi 20 años y cuyas vidas, sinceramente, tampoco me interesaban demasiado. Reconozco que en un par de ocasiones busqué el nombre completo de Ana Díaz en internet, pero **por desgracia** (leider) mi **curiosidad** (Neugier) nunca obtuvo **recompensa** (Belohnung).

Durante las siguientes semanas, con días de casi 100 mensajes en las conversaciones del grupo, casi todos los compañeros confirmaron su asistencia a la cena, entre imágenes de excursiones escolares **rescatadas** [wiedergefunden] de álbumes de fotos de los 90 y chistes más propios de la **edad del pavo** [Teenageralter] que de adultos que **rozan los 40 años** [um die vierzig Jahre alt waren].

Cuando el 24 de diciembre volé a casa, creo que me alegraba tanto de la cena del día 26 como de pasar la Nochebuena con mis padres. Nuestras Navidades familiares no fueron muy distintas a las de años pasados, así que tras dos días de **excesos culinarios** [kulinarische Exzesse], fui a la cena-aniversario con más curiosidad que hambre.

Con una sensación un poco rara por llegar solo, entré en un restaurante donde ya más de la mitad de la clase **charlaba** [quatschte] y reía. Algunos seguían siendo amigos desde entonces y parecía que solo habían cambiado sus **mochilas escolares** [Schultaschen] por **herramientas de trabajo** [Arbeitswerkzeuge]. Un par de compañeros habían duplicado tanto la edad como los kilos, mientras que alguno había trasladado el pelo de la cabeza a la barba para **lucir** [zur Schau stellen] una brillante calva. Víctor ya no era "el Gordo", sino el último ganador del *Ironman* regional y Marta "la Granos" era, sin duda, la mujer más guapa del local.

Poco después llegó Ana Díaz, a quien el paso del tiempo había tratado bastante bien. Con la seguridad de la chica atractiva de la que se había enamorado media clase, se acercó y me saludó con dos besos y una **sugerente** (anzüglich) frase al oído: "Estás tan guapo como siempre. Me alegro mucho de verte después de tantos años. Tú y yo **tenemos una cuenta pendiente** (haben noch eine Rechnung offen)".

Cené escuchando las conversaciones sobre **éxito profesional** (beruflicher Erfolg), hijos y **divorcios** (Scheidungen) (entre ellos el de Ana Díaz, que no dejaba de mirarme), **regadas** (begossen) por más de una botella de vino por cabeza, y que dieron paso a recordar durante los cafés anécdotas con profesores, casi todos ya en edad de **disfrutar** (genießen) su **jubilación** (Ruhestand) y su **madurez** (reifes Alter).

Tras algún licor y más de un gin-tonic, nos fuimos casi todos a bailar a uno de esos locales de moda que anunciaban en la radio con la frase de que los 40 eran los nuevos 30. Gracias a la música de los 90, bebiendo como jóvenes en plena **pubertad** (Pubertät), el grupo disfrutaba de una noche que, por veces, parecía un viaje atrás en el tiempo. A la media hora, Pedro bailaba sobre un **altavoz** (Lautsprecher) con la camisa por fuera y la misma Marina de la foto de boda besaba apasionadamente a "ya no Gordo" Víctor. Entonces, tan segura de sí misma como siempre, Ana se acercó a bailar conmigo. Poco a poco, juntó su cara a la mía e intentó darme un beso con el que yo había soñado muchas noches 20 años antes.

Cantando con el ritmo de la música la letra de la canción de Joaquín Sabina que sonaba justo en ese momento, solo le dije al oído: "Ahora es demasiado tarde, princesa".

las etapas de la vida

Lebensabschnitte

la infancia

Kindheit

la guardería
Kindergarten

aprender a andar
laufen lernen

gatear
krabbeln

la escuela primaria
Grundschule

aprender a hablar
sprechen lernen

el instituto
Gymnasium

nacer
geboren werden

la madurez

(reifes) Alter

la muerte
Tod

tener nietos
Enkelkinder haben

descansar
entspannen

la jubilación
Ruhestand

estar viudo/-a
verwitwet sein

disfrutar
genießen

la universidad
Universität

después de la graduación
nach dem Schulabschluss

el voluntariado
Volontariat

la formación
Ausbildung

hacer prácticas
ein Praktikum machen

la pubertad
Pubertät

la edad del pavo
Teenageralter

la adolescencia
Jugend

madurar
heranreifen/erwachsen werden

el primer beso
erster Kuss

el/la novio/-a
feste/-r Freund/-in

el éxito profesional
beruflicher Erfolg

tener pareja
eine(n) Partner/-in haben

casarse
heiraten

la edad adulta
Erwachsenenalter

plantar un árbol
einen Baum pflanzen

tener hijos
Kinder haben

construir una casa
ein Haus bauen

el divorcio
Scheidung

el/la amante
Liebhaber/-in

No quiero ser ama de casa

Patricia cerró la puerta del piso mientras su marido les decía a los dos chicos que debían **darse prisa** (sich beeilen), y los tres ya bajaban las escaleras para llegar a tiempo a la guardería. Ella se quedó entonces, como todas las mañanas, sola entre las cuatro paredes de su casa.

Cada día se levantaba temprano para preparar el desayuno y la ropa de sus hijos, mientras Joaquín se duchaba y se vestía para ir a la oficina. Era él quien llevaba a los niños a la **guardería** (Kindergarten) y ella quien los tenía que **recoger** (abholen) todas las tardes después de comer. Él trabajaba normalmente hasta bastante tarde y ella, que todavía no había encontrado empleo después de ser madre, se ocupaba de momento de las **tareas de la casa** (Hausarbeit).

Aunque los puestos que tenía antes de su **baja por maternidad** (Elternzeit) no eran una maravilla, siempre había trabajado, algo que desde la **maldita** (verdammten) crisis económica parecía casi imposible.

Para Patricia, **licenciada** (Hochschulabsolventin) en Historia con excelentes notas por una de las mejores universidades del país, era impensable aceptar que los niños y la casa eran su única ocupación en su vida diaria. No tardó mucho tiempo en darse cuenta de que para **hacer frente** (gewachsen sein) a esa situación, necesitaba una **vía de escape** (Ausweg).

Metió los platos y las tazas del desayuno en el **lavavajillas** (Spülmaschine) y pensó que **no se arrepentía** (sie nicht bereute) en absoluto de ser madre, sino que era muy feliz por ello. Por suerte, y aunque no se lo había dicho a nadie todavía, había encontrado la manera de **evadirse** ((der Realität) entfliehen).

Como cada día, encendió la radio en su móvil, que la acompañaba a primera hora de la mañana, mientras hacía las camas, **ordenaba** (aufräumte) los dormitorios y **pasaba la aspiradora** (staubsaugte) por toda la casa.

Casualmente, aquella mañana, un experto hablaba en su programa favorito sobre educación infantil:

"Ninguna niña **crece** (wächst auf) *con el sueño de ser ama de casa. Exactamente igual que cualquier niño tampoco lo hace.*

Casi todos los pequeños imitan durante sus primeros años de vida a sus padres y madres. Y en caso de tenerlos, también a sus hermanos mayores. Quizás algunos niños **disfruten** (genießen) *de verdad mientras ayudan a sus padres haciendo las tareas de casa, pero ni siquiera esos quieren ser de mayores amas o amos de casa".*

Mientras ponía una **lavadora** (Waschmaschine) con la **ropa** (Kleidung) sucia y decidía dejar para última hora de la tarde la horrible obligación de **planchar** (bügeln) la **colada** (Wäsche) que acaba de sacar de la **secadora** (Trockner), escuchaba la opinión de aquel profesor universitario:

"Quizás por la educación recibida en casa o tal vez por una sociedad que durante siglos ha asociado a la mujer a su rol como madre, sí es verdad que muchas niñas tienen desde una edad muy temprana la ilusión y el deseo de tener hijos algún día. Quizás también los niños

deseen ser padres en el futuro, pero ellos generalmente no lo viven
de un modo tan **consciente** *".* (bewußt)

Después de mirar en la **nevera** (Kühlschrank) qué necesitaban para **cocinar** (kochen) los próximos días, apuntó un par de cosas más en la lista de su móvil, para luego hacer la compra, después de recoger a los niños de la guardería.

Como cada día, quería acabar las tareas lo antes posible y se alegró de no tener que **fregar** (wischen) los cuartos de baño esa mañana para dedicarse, por fin, a la actividad que la salvaba de **volverse loca** (verrückt zu werden) en aquella terrible rutina.

Antes de apagar la radio, mientras se preparaba un café con leche, escuchó con interés las últimas palabras de aquel experto sobre los juguetes sexistas:

"Nuestra sociedad, muchas veces a través de los medios y la publicidad, nos transmite todo el rato que los niños y las niñas son mucho más diferentes de lo que dice su naturaleza. ¿Por qué asociamos el azul a los niños y el rosa a las niñas? ¿Y qué les regalamos por su cumpleaños

o por Navidad? ¡Claro que generalmente a los chicos les gustan más los coches y a las chicas las princesas, pero quizás tenemos que preguntarnos por qué eso es así!"

Con la agradable sensación de **calentar** (wärmen) ambas manos en una taza de la que salía **humo** (Dampf) y un aroma exquisito, se sentó frente a su ordenador y puso de fondo el *Concierto de Aranjuez* de Joaquín Rodrigo.

Cuando abrió su cuenta de correo electrónico, comprobó que, otro día más, no había recibido ninguna respuesta de las empresas a las que había enviado su currículum.

Entonces, como cada día, la flecha de su ratón buscó en el **escritorio** (Desktop) la carpeta "Recetas de cocina", cuyo nombre la convertía en casi invisible a los ojos de su marido. Allí dentro se encontraba su secreto, al que había dedicado muchas horas, **ilusión** (Hoffnung) y **esfuerzo** (Kraft) durante los últimos años.

Justo antes de abrir ningún documento, un breve tono salió de los altavoces del ordenador para comunicarle que acababa de recibir un nuevo correo electrónico. Cuando lo abrió, después de solo unos segundos, sus ojos llenos de **lágrimas** (Tränen) apenas podían leer más allá de la tercera o cuarta línea:

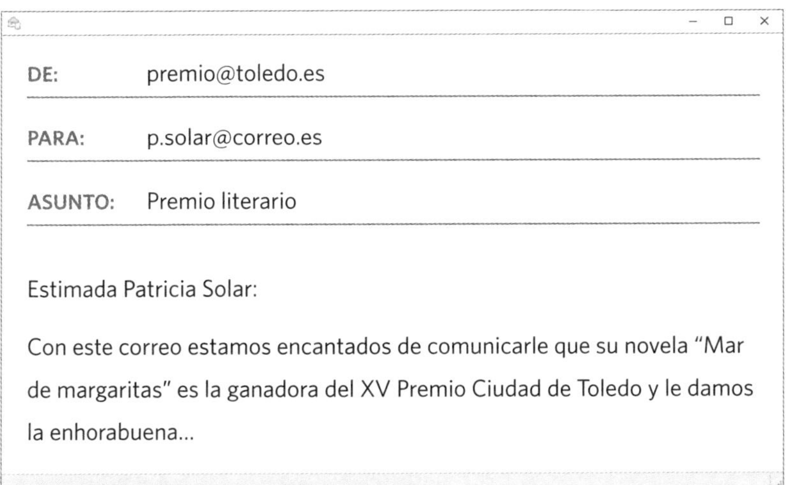

DE: premio@toledo.es

PARA: p.solar@correo.es

ASUNTO: Premio literario

Estimada Patricia Solar:

Con este correo estamos encantados de comunicarle que su novela "Mar de margaritas" es la ganadora del XV Premio Ciudad de Toledo y le damos la enhorabuena...

Más allá de la importante suma económica con la que el premio estaba **dotado** (dotiert), y que era equivalente al doble del sueldo anual de su marido, lo que a Patricia más le importaba era saber que, por fin, podía pensar que ya no era ama de casa. Ahora ya podía decir en voz alta que era escritora.

las tareas de la casa
Hausarbeit
la limpieza
Putzen
el recogedor
Kehrblech
pasar la aspiradora
staubsaugen
la escoba
Besen
limpiar el polvo
abstauben
barrer
fegen
la fregona
Wischmopp
el trapo
Lappen
el cubo
Eimer
fregar
wischen
el orden
Ordnung
separar la basura
den Abfall trennen
hacer la cama
das Bett machen
sacar la basura
den Müll wegbringen
ordenar/recoger
aufräumen

el microondas
Mikrowelle

la nevera
Kühlschrank

el lavavajillas
Spülmaschine

en la cocina

in der Küche

poner la mesa
den Tisch decken

fregar los platos
Geschirr spülen

recoger la mesa
den Tisch abräumen

secar
abtrocknen

el robot de cocina
Küchenmaschine

la cocina
Herd

cocinar
kochen

doblar la ropa
die Wäsche zusammenlegen

la colada
Wäsche

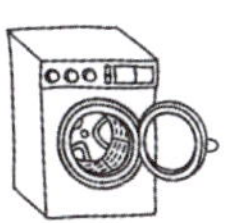

la ropa

Kleidung

la lavadora
Waschmaschine

planchar
bügeln

lavar
waschen

la secadora
Trockner

la tabla de planchar
Bügelbrett

la plancha
Bügeleisen

Se alquila

Casi diez años después de la muerte de mi madre, mi padre nos dejó de repente una madrugada del mes de febrero. El informe médico era muy claro: **infarto de miocardio** (Herzinfarkt), un ataque al corazón que terminó con su vida a los 72 años de edad.

Siempre es demasiado pronto para perder a un ser querido. Como **hijo único** (Einzelkind) y a mis 40 años, tuve la sensación de quedarme un poco solo, a pesar de tener ya mi propia familia con mi esposa y mis dos niñas.

Durante un año no entré ni una sola vez en aquel piso, pero el día del primer **aniversario de su muerte** (Todestag) decidí que ya no podía esperar más. Yo no quería vender mi domicilio familiar, pero tenía que aceptar que estábamos perdiendo dinero con una vivienda vacía en el centro de Madrid, así que pensamos en poner el piso en alquiler.

Por fin, una mañana de un sábado de febrero **me enfrenté** (stellte ich mich) al momento de recoger las cosas de mi padre. Aunque mi mujer quiso acompañarme, preferí ir solo. Cuando abrí aquella puerta sabía que, de algún modo, allí me encontraría con mi pasado.

Un buen amigo me dejó una **furgoneta** (Kleintransporter) y llegué al piso con cuatro **cajas de cartón** (Kartons) y muchas **bolsas de basura** (Müllsäcke) con la intención de salvar solo lo necesario e **imprescindible** (unentbehrlich).

Durante mi vida había hecho varias **mudanzas** (Umzüge) que reflejaban las diferentes etapas de mi vida: mis años universitarios en pisos compartidos, mi primer apartamento de soltero, la primera convivencia en pareja con una relación seria..., hasta llegar al piso que compartí con mi mujer en el centro, antes de firmar una **hipoteca** (Hypothek) para comprar nuestra actual casa y **mudarnos** (umzuziehen) al barrio donde vivimos ahora.

Cuando por fin empecé a abrir los cajones y las puertas de los **armarios** (Schränke) de mi padre, tuve la sensación de ser un ladrón que busca un **botín** (Beute) que no va a aparecer.

Ordenar (Auzufräumen) su dormitorio, donde su ropa doblada y sus camisas planchadas parecían esperar su turno, no fue demasiado difícil.

Metí todo lo que estaba en buen estado en unas bolsas que me habían dado en Cruz Roja e hice lo mismo con toda la Geschirr **vajilla** que encontré en los muebles de la cocina. Tiré a la basura algunos alimentos abgelaufen **caducados** que encontré en la Speisekammer **despensa** y limpié los cuartos de baño, donde por un momento quise oler su colonia para tener la sensación de que él estaba presente.

Lo más complicado llegó cuando ordené su despacho. Mi padre había sido todo un ejemplo de vida para mí y siempre lo admiré muchísimo como persona y como profesional. En aquellas Regale **estanterías**, se podía ver buena parte de su vida laboral, con una gran cantidad de libros sobre su trabajo como médico. Pero también había una docena de álbumes de fotos que resumían en imágenes una vida anterior a las cámaras digitales y al océano de Schnappschüsse **instantáneas** que provocaban hoy en día los teléfonos móviles.

Sentarme en su Sessel **sillón** a durchsehen **ojear** aquellos recuerdos a la luz de su Lampe **lámpara** era algo completamente unvermeidlich **inevitable**. Después de varias horas y más de una lágrima, metí todos los álbumes en una de las cajas para llevármelos a mi casa.

Aunque parecía que el tiempo se había **parado** (stehen geblieben) en aquella habitación, una llamada de mi mujer me recordó que eran las dos de la tarde. Me disculpé y le dije que prefería comer algo rápido en el bar de al lado para continuar con el trabajo lo antes posible.

Un bocadillo de jamón y una cerveza más tarde, ya estaba otra vez en la oficina de mi padre para elegir los libros que quería salvar. Todos los títulos que yo mismo tenía en las estanterías de mi casa fueron a parar directamente a la caja de donación a la Biblioteca Pública, excepto una primera edición de *La colmena* de Cela, del año 1950. Entre novelas de Ruiz Zafón o Vázquez Montalbán, un ejemplar de *La casa de la Troya*, de Pérez Lugín, llamó mi atención porque me recordó mi etapa universitaria en Santiago de Compostela, ciudad en la que también había estudiado mi padre.

Justo en el momento de abrir el libro, una postal voló desde su interior y fue a parar a la alfombra, al lado de mis pies.

Con fecha de 1976, una mujer escribía a mi padre unas líneas que al principio no supe muy bien cómo interpretar:

Santiago, 9 de agosto de 1976

Querido Luis:

Como acordamos, te mando nuestra dirección y te doy un millón de gracias por regalarme la posibilidad de ser madre. Con solo un año, tu hijo Pablo ya se parece muchísimo a ti y los dos estamos muy bien. Por favor, sé muy feliz. ¡Mucha suerte!

Un beso,

M.

Avda. Castelao 25, 2°A– 15704 Santiago de Compostela

Después de leer varias veces el texto que me decía claramente que tenía un hermano en Galicia, me pasé el resto de la tarde buscando entre las cosas de mi padre más información sobre el tema. Sin encontrar nada más sobre M., salí de aquel caos de libros y papeles a las dos de la mañana y me fui a mi casa para, después de comentarlo con mi mujer, reservar para el día siguiente un vuelo a Santiago.

Solo 14 horas más tarde, un taxi me llevaba ya desde el aeropuerto compostelano a la avenida Castelao, donde me bajé para descubrir el gran secreto de mi padre.

Entré en el edificio y subí las escaleras para llegar al segundo piso y tocar el timbre del 2°A.

Casi sufro yo también un ataque al corazón cuando se abrió la puerta y pensé que me veía a mí mismo en un **espejo** (Spiegel).

Un hombre un par de años mayor que yo, al otro lado de la puerta, me invitó a pasar con un gesto amable:

—Pasa, hermano. Sabíamos que este día iba a llegar. Durante la dictadura franquista, la vida de dos mujeres que se querían era mucho más difícil que hoy. Mis madres y yo tenemos que contarte lo que nuestro padre hizo por ellas.

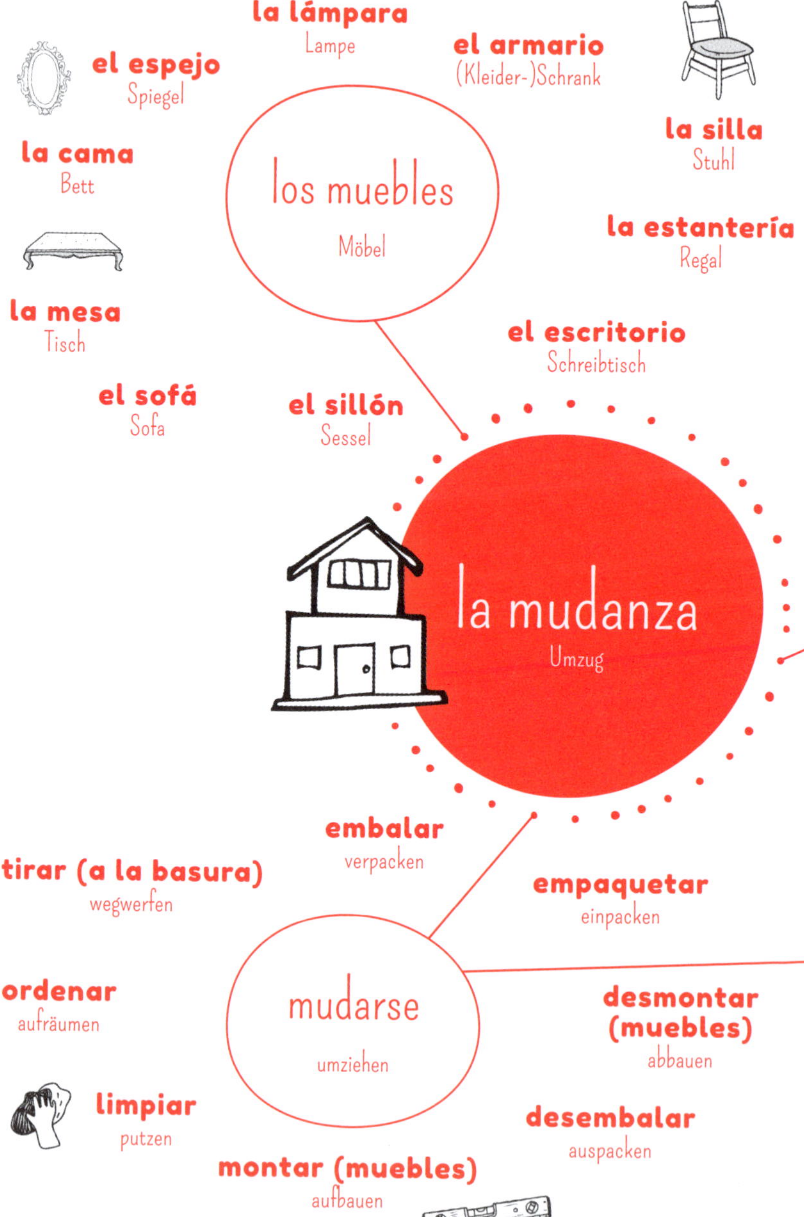
la lámpara
Lampe
el espejo
Spiegel
el armario
(Kleider-)Schrank
la silla
Stuhl
la cama
Bett
los muebles
Möbel
la estantería
Regal
la mesa
Tisch
el escritorio
Schreibtisch
el sofá
Sofa
el sillón
Sessel
la mudanza
Umzug
embalar
verpacken
tirar (a la basura)
wegwerfen
empaquetar
einpacken
ordenar
aufräumen
mudarse
umziehen
desmontar (muebles)
abbauen
limpiar
putzen
desembalar
auspacken
montar (muebles)
aufbauen

los objetos imprescindibles
unerlässliche Dinge
la caja de cartón
Karton
la cinta de embalar
Packband
la cuerda
Kordel
la furgoneta
Kleintransporter
el remolque
Anhänger
la maleta
Koffer
la bolsa de basura
Müllsack

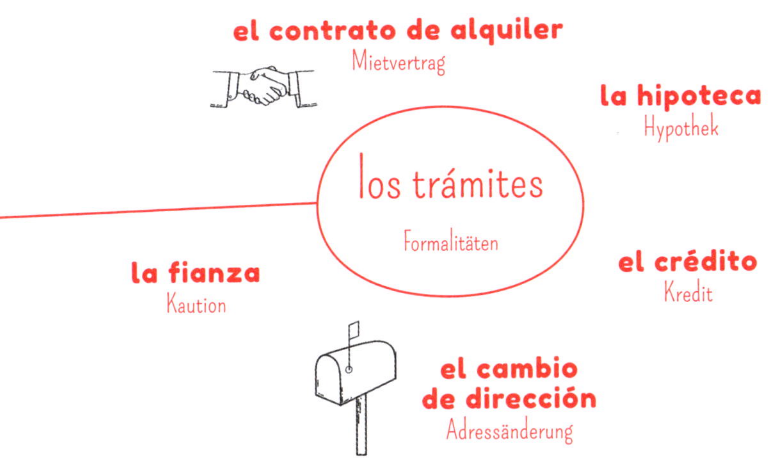
los trámites
Formalitäten
el contrato de alquiler
Mietvertrag
la hipoteca
Hypothek
la fianza
Kaution
el crédito
Kredit
el cambio de dirección
Adressänderung

Nuestro futuro empezó un viernes

Adrián no era más que un **crío** (kleiner Junge) cuando el Prestige **provocó** (auslöste) el **desastre ecológico** (Naturkatastrophe) más grande en la historia del país. Es imposible olvidar las imágenes de aquel enorme barco que, con 77.000 toneladas de **petróleo** (Erdöl) en su interior, tuvo un accidente a pocos kilómetros de Finisterre*. Allí, en el punto más al oeste del continente europeo y el lugar que los romanos llamaron así porque creían que aquel era el fin del mundo, una tormenta sorprendió a aquel monstruoso barco el 13 de noviembre de 2002. Después de seis días en los que los políticos **no lograron** (schafften es nicht) actuar de modo eficiente, aquel **gigante** (Riese) de metal **se partió** (zerbrach) en dos y desapareció en el océano Atlántico. El barco **se hundió** (sank) a solo 250 kilómetros del pueblo de Adrián y provocó la mayor **marea negra** (Ölpest) ocurrida hasta ese momento en España.

Para él, a sus siete años, la enorme ayuda humana y la popular campaña conocida con las palabras en gallego “Nunca máis” fueron una demostración de solidaridad y un grito de esperanza.

A la costa gallega llegaron **voluntarios** (Freiwillige) de otras regiones de España, e incluso de otros países, para ayudar en la limpieza de las playas y la recuperación de espacios naturales afectados por la enorme **mancha** (Fleck) de petróleo. Allí, en su propio pueblo y en un momento tan duro, nació en él un **espíritu** (Geist) de **lucha contra** (Kampf gegen die) **la contaminación** (Umweltverschmutzung) y la sensación de que no todo estaba perdido.

Todos los **telediarios** (Nachrichtensendungen) informaban sobre aquel desastre y se lamentaban de que las consecuencias para el **medio ambiente** (Umwelt) y la economía local eran **incalculables** (unberechenbar).

Sus padres todavía recordaban a aquella joven periodista que presentaba las noticias en Televisión Española. Como muchos otros reporteros, aquella chica había llegado para contarle a todo el país desde su pueblo, con **botas de goma** (Gummistiefel) y micrófono en mano, cuáles eran las dimensiones de aquel grave accidente ecológico. Cuando el **entonces** (damalige) príncipe Felipe llegó a Galicia para ver **de primera mano** (aus erster Hand) las dimensiones de la catástrofe, nadie podía imaginar que allí él iba a tener la primera cita con Letizia Ortiz*, la madre de sus hijos y futura reina de España. La experiencia vital provocada por el Prestige marcó a todo el pueblo y a muchas familias que perdieron su **medio de vida** (Lebensgrundlage). Y quizás especialmente también a Adrián y a todos los chicos y chicas de su edad, que ya desde muy pequeños sufrieron lo que significaba perder sus playas durante una parte de su infancia. Después de tratar las consecuencias de aquel accidente en clase, Adrián y muchos jóvenes de su generación crecieron con una gran sensibilidad y respeto al medio ambiente. A veces no era tan difícil **vivir de un modo ecologista** (umweltbewusst zu leben), por lo menos si se podía lograr con cosas tan sencillas como **ahorrar agua** (Wasser zu sparen) o **evitar el plástico** (Plastik zu vermeiden) y los **productos contaminantes** (umweltschädliche Produkte) que alguna gente usaba para la limpieza del hogar o en el campo. Seguramente en muchos aspectos los vecinos no eran ecologistas de un modo **consciente** (bewusst). Aun así, todos sentían un enorme amor y respeto por su tierra y la regla de las tres erres: **reducir** (reduzieren), **reutilizar** (wiederverwenden) y **reciclar** (recyclen) pasó a formar parte de los comportamientos habituales de la mayoría de los habitantes del pueblo.

Cuando Adrián llegó a la capital para estudiar su primer curso universitario, un nuevo mundo se abrió para él. Aquel año, en un contexto de eternas discusiones a nivel mundial sobre el **calentamiento global** (Erderwärmung) y la negación del **cambio climático** (Klimawandel) por parte de líderes políticos de grandes potencias mundiales, el fenómeno Greta Thunberg empezó a ganar importancia.

Adrián no dudó en participar desde el principio en las iniciativas de "Fridays for future". Aunque el movimiento en España, que en aquel momento luchaba con otros problemas económicos y políticos, no tenía la misma importancia que en otros países de Europa, Adrián siempre lo **apoyó** (unterstützte).

En su vida personal, algo cambió para siempre cuando aquella compañera de estudios le entregó en la facultad un papel con información para **manifestarse** (demonstrieren) el viernes siguiente frente al ayuntamiento de la ciudad. Adrián tuvo la sensación de

experimentar (fühlen) una explosión de **energía solar** (Solarenergie) y **energía eólica** (Windenergie) al mismo tiempo cuando sus manos tocaron por primera vez las de Eva.

Tres días después de aquel flechazo, un viernes lluvioso del mes de noviembre, Adrián **protegía** (schützte) de la lluvia a aquella chica con su paraguas en la plaza más importante de la ciudad. Con **chubasquero** (Regenmantel), botas de goma y un micrófono en la mano, Eva hablaba a las aproximadamente 200 personas que allí se manifestaban, la mayoría alumnos de secundaria, universitarios y jubilados.

Durante aquel discurso, ella **alertaba** (warnte) de graves problemas como la enorme **producción de basura** (Müllproduktion), el **efecto invernadero** (Treibhauseffekt) o la **desertización** (Wüstenbildung). Eva proponía además pequeñas medidas a nivel personal como **usar medios de transporte público** (öffentliche Verkehrsmittel zu nutzen) o el consumo de **energías renovables** (erneuerbarer Energien).

Aquel día Adrián se enamoró definitivamente de Eva.

Muchos años más tarde, cuando Eva y Adrián les contaban a sus nietos como había comenzado su historia de amor, **ambos** (beide) estaban convencidos de que le habían dejado a la generación de sus nietos y nietas un mundo un poquito mejor y de que su lucha había valido la pena. Su vida había sido una verdadera historia de amor al medio ambiente.

* **Finisterre:** Der galicische Name der Gemeinde leitet sich vom lateinischen **finis terrae** (Ende der Welt) ab. Viele Jakobspilgerer verlängern ihre Pilgerreise und gehen noch den Weg von Santiago de Compostela bis zum westlichsten Kap Galiciens, **Cabo de Finisterre**.

* **Letizia Ortiz:** Die heutige Königin von Spanien war vor ihrer Heirat mit Felipe VI. im Jahr 2004 u.a. Nachrichtensprecherin bei der öffentlich-rechtlichen Rundfunkanstalt „Radio y Televisión Española" (RTVE).

reducir
reduzieren

reutilizar
wiederverwenden

reciclar
recyceln

la lucha contra la contaminación
Kampf gegen die Umweltverschmutzung

el medio ambiente
Umwelt

usar medios de transporte público
öffentliche Verkehrsmittel nutzen

renunciar a productos contaminantes
auf umweltschädliche Produkte verzichten

evitar el plástico
Plastik vermeiden

vivir de modo ecologista
umweltbewusst leben

consumir menos energía
weniger Energie verbrauchen

conducir un coche eléctrico
ein E-Auto fahren

ahorrar agua
Wasser sparen

comprar productos locales y de temporada
regionale und saisonale Produkte kaufen

la desertización
Wüstenbildung

la deforestación
Endwaldung

el desastre ecológico
Naturkatastrophe

los problemas ambientales

Umweltprobleme

el efecto invernadero
Treibhauseffekt

el cambio climático
Klimawandel

la marea negra
Ölpest

el calentamiento global
Erderwärmung

la producción de basura
Müllproduktion

la energía eólica
Windenergie

las fuentes de energía

Energiequellen

las energías renovables
erneuerbare Energien

el carbón
Kohle

el petróleo
Erdöl

la energía nuclear
Atomkraft

la energía solar
Solarenergie

Noche de chicas

Desde que las dos **rayas** [Striche] de aquel **test de embarazo** [Schwangerschaftstest] le habían confirmado la gran noticia de que iba a **ser madre** [Mutter werden], la vida de Eva había cambiado mucho. Ella nunca había sido una de esas chicas que sueñan desde niñas con **quedarse embarazadas** [schwanger zu werden] y que creen que ser mamá es el objetivo número uno de sus vidas.

Eva había disfrutado mucho de su juventud y, aunque había tenido un par de relaciones largas, no conoció a su pareja (y padre de su bebé) hasta pasados los 30 años. Ya antes de conocer a Juan, Eva había hecho alguna locura de juventud en noches en las que el alcohol le ganaba la partida al sentido de la responsabilidad. Pero más allá de probar alguna **droga blanda** [weiche Droge], nunca había hecho nada verdaderamente grave.

Cuando empezó su relación con Juan, los dos estaban en un muy buen momento. Juntos disfrutaron de la libertad de los primeros años de trabajo después de la universidad. Tenían dinero y tiempo para viajar en vacaciones a países lejanos. Cenaban fuera casi a diario y todos los fines de semana iban a fiestas **hasta altas horas de la madrugada** (bis in die frühen Morgenstunden).

Ella no creía en esa **chorrada** ((ugs.) Unsinn) del **reloj biológico** (biologische Uhr), pero con treinta y cinco años llegó el momento que ella y Juan consideraron adecuado para tener un **bebé** (Baby). Apenas medio año después de dejar la **píldora anticonceptiva** (Antibabypille), **Eva tuvo una falta en su periodo** (blieb Evas Periode aus). El **ginecólogo** (Frauenarzt) confirmó que aquel test comprado en la farmacia del barrio no se equivocaba.

Un par de meses más tarde una **ecografía** (Ultraschall) les confirmó que esperaban la llegada de una niña sana y fuerte. Tras unas primeras semanas con **vómitos** (Erbrechen), el embarazo fue bien hasta que terminó en un **parto** (Geburt) largo y doloroso. Aunque Eva pensó que eran mentira las historias del **curso de preparación al parto** (Geburtsvorbereitungskurs) sobre que el sufrimiento desaparece en el momento de ver al bebé, la verdad es que sí se sintió muy feliz cuando tuvo a Diana sobre su cuerpo desnudo y vio su cara por primera vez.

Los siguientes 18 meses fueron para Eva y Juan una sucesión
die Brust geben
de noches sin dormir, interminables horas de **dar el pecho**,
Windeln wechseln · Brei · spazieren gehen · Kinderwagen
cambiar pañales, hacer **papilla** y **pasear** con el **carrito** por el barrio.

A pesar del trabajo y de estar muy cansados, Eva y Juan estaban muy contentos y aceptaban que en esta primera etapa los
Fläschchen · ersetzten
biberones **sustituían** a los cócteles y que por las noches, en
schreien
lugar de la música de moda, escuchaban **llorar** a Diana de vez en cuando. Los dos eran felices y, aunque la vida de pareja era un poco diferente, todavía se querían.

Con los abuelos y tíos viviendo a muchos kilómetros de distancia, Juan y Eva solo habían salido a cenar unas cinco o
Babysitterin
seis veces durante el último año. Con una **canguro** que tenía que estar en casa antes de las 12 de noche, la pareja siempre regresaba después de un rápido gin-tonic.

Por eso la "noche de chicas" que habían organizado sus amigas aquel sábado era para Eva la primera vez que salía "de verdad" en más de año y medio.

Se puso guapa y se despidió con un beso a Diana y otro a Juan, que le dijo que era la mamá más atractiva del mundo.

Durante la cena, Eva no pudo evitar mirar el móvil un par de veces, pero los mensajes de Juan la tranquilizaron y la animaron a disfrutar de la noche:

"Diana ya está durmiendo tranquila y yo acabo de acostarme. Pásalo muy bien y desconecta un poco, supermamá".

Después de la tercera copa de vino por fin consiguió olvidarse del teléfono y hacerlo de verdad.

A las 3:11 de la mañana, la niña se despertó y Juan fue a su habitación muy rápido. Con el **chupete** (Schnuller) de nuevo en la boca de Diana, el silencio volvió a la casa.

Cuando Juan se acostó de nuevo, escuchó a través de la ventana una voz femenina y otra masculina al fondo de la calle. Sin entender lo que decían, pero seguro de que era Eva despidiéndose de algún amigo, pronto volvió a quedarse dormido. Una hora más tarde, Juan se despertó y al no ver a Eva en la cama, se preocupó un poco. Cogió su móvil y vio que tenía un mensaje de su mujer a las 3:43. "No he llamado para no despertarte, pero me quedo a dormir en casa de Teresa. Vuelvo por la mañana. Un beso".

Teresa estaba divorciada y no era la primera vez que Eva se quedaba a dormir en su piso porque ella vivía en el centro. Juan leyó otra vez el mensaje y dudó un momento, porque la verdad era que él estaba seguro de que había escuchado la voz de su mujer hablando con otro chico a través de la ventana de su dormitorio. Tuvo una sensación un poco rara, pero respondió para decirle a Eva que no había problema y que podía dormir tranquila toda la mañana. Unas horas más tarde, ya después del desayuno con Diana, Juan miró su móvil para comprobar que su mujer había leído su mensaje y no se conectaba desde las 4:51.

Ya a las 12 de la mañana, Juan volvió a comprobar que no tenía ningún mensaje de Eva y pensó en escribirle a Teresa. Cuando encontró en la aplicación el nombre de la amiga de su mujer pudo ver que estaba conectada en ese momento y, con una sonrisa, escribió:

"¿Qué tal la resaca, Teresa?"

Solo unos segundos después, Juan recibió una rápida respuesta:

"Nada de resaca 😇 Ayer me fui pronto a casa y aquí estoy con los niños".

Bastante sorprendido, Juan le preguntó:

"¿Y qué tal Eva?"

Durante los próximos minutos, Juan no recibió ninguna respuesta, pero pudo ver que su mujer estaba de nuevo en línea. Veinte minutos más tarde, Juan recibió un breve mensaje de Teresa:

"Eva ya está despierta 😉 En media hora de nuevo en casa".

Cuando, casi una hora después, Eva entró en casa con cara de no dormir en toda la noche, Juan solo le preguntó:

—¿Me quieres?

—Más que nunca —respondió ella.

Eva no contó nada y él tampoco preguntó más. Y nunca volvieron a hablar de aquella noche en su largo y feliz **matrimonio**. Ehe

el chupete
Schnuller
llorar
schreien
el babero
Lätzchen
el biberón
Fläschchen
el bebé
Baby
la cuna
Wiege
el pañal
Windel
la leche
Milch
el carrito
Kinderwagen
la papilla
Brei
ser madre
Mutter werden
dormir
schlafen
bañar
baden
dar el pecho
die Brust geben
los cuidados
Pflege
pasear
spazieren gehen
dar de comer
füttern
el/la pediatra
Kinderarzt/Kinderärztin
cambiar (pañales)
(Windeln) wechsel
el/la canguro
Babysitter/-in

el reloj biológico
biologische Uhr

quedarse embarazada
schwanger werden

el antojo
Heißhunger

la ecografía
Ultraschall

el vómito
Erbrechen

estar embarazada
schwanger sein

el test de embarazo
Schwangerschaftstest

el parto
Geburt

el curso de preparación al parto
Geburtsvorbereitungskurs

el/la ginecólogo/-a
Frauenarzt/Frauenärztin

inscribir en el Registro Civil
beim Standesamt anmelden

la cartilla de vacunas
Impfpass

el papeleo
Papierkram

el seguro médico
Krankenversicherung

la prestación parental
Elterngeld

la baja por maternidad/paternidad
Elternzeit

el certificado de nacimiento
Geburtsurkunde

Un beso de verano

Mis padres pensaban que yo era una chica demasiado romántica y solían decirme que la realidad no era como en aquellas series de televisión para adolescentes que yo veía en los años 90. En mi instituto, ni todos los chicos eran súper atractivos ni las chicas eran tan guapas como en *Beverly Hills*. En los pasillos, nadie hablaba del **baile de fin de curso** (Abschlussball) o del equipo de baloncesto. Mis compañeros solo charlaban sobre fútbol, videojuegos o música. Y poco más...

Mi hermana mayor repetía una y otra vez que los **príncipes azules** (Märchenprinzen) no existían, que los **tíos** ((ugs.) Kerle) eran todos iguales, o sea, unos **cerdos** (Schweine). Quizás yo todavía era un poco **ingenua** (naiv) a mis 15 años, pero todavía creía en el amor de verdad y mi habitación estaba llena de fotos de Brad Pitt, Leonardo DiCaprio o *Take That*.

Aquel **verano** (Sommer), aunque mis padres preferían descansar en una **casa rural** (Landhaus) **en la montaña** (in den Bergen), mi hermana y yo propusimos pasar las vacaciones **en la playa** (am Strand). A nosotras también nos gustaba **escalar** (klettern) o **montar a caballo** (reiten), pero a nuestra edad la idea de **bucear** (tauchen) o **navegar** (segeln) nos parecía bastante más atractiva que **hacer senderismo** (wandern) en el mes de agosto.

Al final aceptaron. Recuerdo a mi padre bebiendo sangría en el **chiringuito** (Strandbar), mientras mi madre, con un **cucurucho** (Eiswaffel) de tres **bolas** (Kugel) de **helado** (Eis) en la mano, le decía que, **después de todo** (letztendlich), no había sido mala idea pasar el verano en Alicante.

Disfruté con mi hermana de los últimos días de agosto tomando el sol en la playa. Mientras me bañaba en el mar, la novela *Marina* de Carlos Ruiz Zafón me esperaba siempre sobre la toalla.

El último sábado de las vacaciones, mi hermana y yo les preguntamos a mis padres si podíamos salir de fiesta juntas hasta un poco más tarde. Increíble pero cierto, dijeron que sí, y la noche de aquel 28 de agosto se quedó para siempre en mi memoria. Mi hermana y yo disfrutamos y bailamos durante horas en la discoteca de moda. Allí conocí a Raúl, un chico alto, moreno y un poco tímido. Nuestros ojos se cruzaron y nos miramos durante un buen rato. Cuando un chico rubio se acercó a mi hermana para **ligar** (ugs.) flirten con ella, yo seguí bailando mientras compartía con Raúl miradas y sonrisas que significaban más que miles de palabras. Solo unos minutos más tarde, de repente, vi que mi hermana y su chico se besaban en la pista de baile. Al poco rato, justo cuando mi hermana me dijo que salía de la discoteca con aquel joven, Raúl se acercó y empezamos a bailar juntos.

Recuerdo que poco después ya sentía algo muy fuerte en el pecho. Las siguientes horas fueron realmente especiales para mí. Después de tomar algo y de **charlar** quatschen sobre **un montón de** ein Haufen cosas, los dos salimos y fuimos a la playa para sentarnos en la **arena** Sand, justo donde yo me solía **tumbar** hinlegen durante el día con mi hermana.

Hablamos de las vacaciones, de música y de libros, y le conté que estaba leyendo *Marina*. Allí, sentados mirando al mar, Raúl me dio el primer beso de mi vida, ese que es imposible olvidar.

Nos despedimos hasta el día siguiente en aquel mismo lugar, porque él tenía que volver con su familia a Santander y yo con la mía a Madrid. Justo antes de volver a casa con mi hermana, Raúl me dio otro beso con la **promesa** (Versprechen) de vernos allí mismo 12 horas más tarde. Pero **lamentablemente** (leider), ese encuentro **nunca sucedió** (passierte nie). A la mañana siguiente estuve en la toalla durante horas, mirando todo el rato a derecha e izquierda. Aquella misma tarde, a 40 grados, acabé de leer la novela y solo me fui de la toalla durante cinco minutos para refrescarme en el agua del mar. Volví a casa triste y **decepcionada** (enttäuscht) porque Raúl no había aparecido. Mi hermana me intentaba **consolar** (trösten) y repetía que los tíos eran todos iguales, mientras yo, por primera vez en mi vida, lloraba por amor.

Más de 20 años después de aquellas lágrimas, yo seguía sin encontrar al hombre de mi vida, y la **casualidad** (Zufall) me llevó a coger de nuevo la novela de Ruiz Zafón de la estantería. Cuando la abrí, una **postal** (Postkarte) con la imagen de una **vista aérea** (Luftaufnahme) de Alicante, sin **sello** (Briefmarke) ni **dirección** (Adresse), cayó al suelo:

Hola, Noelia:

Lo siento, no he podido venir antes y tengo que irme ya. No sé dónde estás, pero sé que esta es tu toalla y esta tu novela, así que te dejo mi número de teléfono. Espero que me llames, porque creo que ayer empezó algo muy bonito para los dos.

Un beso,

Raúl (942 213569)

Cuando leí aquella postal, con más de 20 años de retraso, recordé con fuerza mi primer amor adolescente. Inmediatamente, cogí el móvil y marqué aquel número con prefijo de Santander. Después de tres tonos, respondió una voz de mujer mayor:

—¿Diga?

—¡Hola! Eh, me llamo Noelia, soy una vieja amiga de Raúl y acabo de encontrar su número de teléfono... Me gustaría saber si él todavía vive ahí...

—¿Noelia? ¿Noelia de Alicante?

—Sí, bueno... no. En realidad soy de Madrid, pero sí nos conocimos en Alicante, ¿cómo lo sabe?

—Noelia no es un nombre muy habitual. ¿Realmente eres la chica que conoció a mi hijo el verano del 99?

—Sí, soy yo... ¿Su hijo le habló de mí? —preguntó Noelia con curiosidad.

—¿Que si me habló de ti? Mi hijo se enamoró de ti como un loco y te buscó durante meses... A veces pienso que no te ha olvidado y que por eso todavía no tiene pareja —contestó la madre de Raúl.

—Y ahora, ¿ya no vive ahí? ¿Podría hablar con él? —preguntó Noelia un poco nerviosa.

Pocos segundos después, Noelia ya marcaba un número de móvil:

—¿Raúl? Soy yo, Noelia, ¿te acuerdas de mí?

hacer senderismo
wandern

la casa rural
Landhaus

escalar
klettern

en la montaña

in den Bergen

la cumbre
Gipfel

el mirador
Aussichtspunkt

el refugio
Berghütte

montar a caballo
reiten

el verano

Sommer

la costa
Küste

el buzón
Briefkasten

el paisaje
Landschaft

la dirección
Adresse

una postal

Postkarte

la vista aérea
Luftaufnahme

el sello
Briefmarke

el monumento
Sehenswürdigkeit/Denkmal

el código postal
Postleitzahl

las chanclas
Flip-Flops
hacer pádel surf
Stand Up Paddling machen
la colchoneta hinchable
aufblasbare Luftmatratze
en la playa
am Strand
bucear
tauchen
la arena
Sand
navegar
segeln
el chiringuito
Strandbar
hacer esnórquel
schnorcheln
la bola
Kugel
nata
Sahne
el cucurucho
Eiswaffel
limón
Zitrone
el helado
Eis
la tarrina
Eisbecher
vainilla
Vanille
el sabor
Geschmacksrichtung
chocolate
Schokolade
fresa
Erdbeere

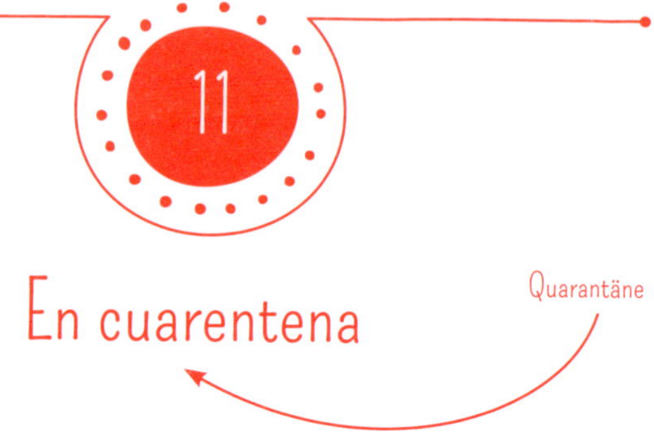

En cuarentena

Quarantäne

Llevaba meses sin **parar** (anhalten). Trabajando sin pausa. Desde que había terminado la carrera de ingeniería industrial, mi vida estaba centrada casi totalmente en el trabajo. A mis 33 años llevaba casi una década a un ritmo brutal. Me pasaba horas pegado al **portátil** (Laptop) y mi **móvil** (Handy) nunca **se apagaba** (war abgeschaltet). Si no **recibía llamadas** (Anrufe bekam), tenía que **escribir mensajes** (Nachrichten schreiben) o leer correos electrónicos.

Es verdad que cada año **disfrutaba** (genoss ich) de unas buenas vacaciones de tres semanas. En los últimos años **había cumplido sueños** (hatte ich mir Träume erfüllt) como hacer un safari en Tanzania, conocer la costa oeste de Estados Unidos o viajar por Australia, Tailandia y varios países de América Latina.

Pero el resto del año, yo trabajaba como un animal. En las

waren verärgert
Navidades de 2014 mis padres **se enfadaron** porque apenas pasé 24 horas en el pueblo por Nochebuena*. Mi relación con muchos amigos casi había desaparecido porque cuando ellos me llamaban para proponerme algo, yo siempre "tenía que
nachschauen Terminkalender
consultar mi **agenda**" o simplemente "no tenía tiempo" porque mi calendario estaba lleno de citas importantes.

Después de un proyecto en Nueva York hasta principios de marzo de 2020, mi empresa me había dado un puesto en Madrid, así que estaba muy contento de volver por fin a España. Los últimos días en Estados Unidos habían sido una locura de
bürokratische Formalitäten
trabajo y **trámites burocráticos**, así que no había tenido mucho tiempo para leer o escuchar las noticias con atención. Mi empresa había organizado la mudanza y yo había recibido por correo las llaves de mi nuevo apartamento en Madrid. Justo después de aterrizar en España, aquel 12 de marzo, un taxista
brachte mich auf den neusten Stand
muy hablador **me puso al día** de la situación del coronavirus en el país mientras me llevaba, con mis dos maletas, a mi
Zelle
celda en el centro de la ciudad. Aunque conocía un poco la

información que llegaba desde China o Italia, yo no comprendía hasta ese momento la verdadera gravedad del problema.

Al día siguiente, ya un poco mejor informado y en una ciudad que vivía entre el pánico y la histeria, hice una compra bastante grande en el supermercado de la esquina. El sábado 14 de marzo, el presidente Pedro Sánchez **decretó** (rief aus) el **estado de alarma** (Alarmzustand) en todo el país.

Y así, de repente, me vi en un pequeño piso en una ciudad donde no conocía a casi nadie, completamente solo y sin poder salir de casa. En un apartamento donde no tenía casi de nada, más allá de los electrodomésticos básicos para sobrevivir en la cocina y casi sin muebles en el resto de la casa, además de una cama y un sofá. Ni libros ni televisión. Tampoco teléfono fijo o una consola de videojuegos para **jugar** (spielen). Tenía mi ordenador portátil, pero no tenía **wifi** (WLAN) en casa, algo que la **compañía telefónica** (Telefonanbieter) había prometido para el mes de abril, así que todo mi contacto con el mundo exterior pasaba por mi teléfono móvil.

La enorme cantidad de información y noticias sobre la epidemia marcó mi primer día de **confinamiento** (Ausgangssperre). Leí, escuché y vi todos los reportajes sobre la enfermedad que no había visto durante los días pasados por el estrés del trabajo y la mudanza. Los gobiernos de los diferentes países pedían tranquilidad a la población. Todos recomendaban lavarse las manos y cuidar a las personas mayores, mientras con la etiqueta *#yomequedoencasa* la gente pedía responsabilidad en las redes sociales.

Después de comer vi en la **pantalla** (Display) de mi móvil que solo me quedaba el 4% de **batería** (Akku) y entonces me puse un poco nervioso. ¿Dónde estaba el **cargador** (Ladegerät) de mi teléfono? Abrí mis maletas muy rápido mientras pensaba en la importancia de aquel maldito cable para mí en ese momento. Después de unos segundos, por fin lo encontré y respiré tranquilo.

Durante el segundo día de confinamiento, después de leer las noticias y ver un montón de bromas sobre el coronavirus que la gente enviaba todo el rato, empecé a darme cuenta de lo que me esperaba en aquel piso. El gobierno ya decía que aquella cuarentena podía durar más de dos semanas y hablé por teléfono con mis padres durante casi dos horas. Seguramente más tiempo que los seis últimos meses en total.

Al día siguiente ya me sentía solo de verdad y mi cabeza no dejaba de pensar. Según las **recomendaciones** (Empfehlungen) que veía en internet, intentaba tener una rutina "normal": todos los días ponía el **despertador** (Wecker) del móvil a las ocho de la mañana, me levantaba y desayunaba con las noticias en la radio y luego hacía un poco de deporte mientras **escuchaba música** (ich Musik hörte) en una plataforma digital. Después de una ducha, normalmente **navegaba en internet** (surfte ich im Internet) un rato, escribía algún correo y perdía el tiempo en las redes sociales. Y todo, absolutamente todo, con mi teléfono móvil.

Por las tardes empecé a ordenar las fotos que tenía en el ordenador, sin organizar desde el año 2015.

El quinto día de confinamiento, todavía solo en aquel piso de 50 metros cuadrados, decidí tomar la lista de contactos de mi móvil y empezar a llamar por orden de preferencia a todas las personas que consideraba "amigos".

Todavía hoy, mucho tiempo después de aquella experiencia, creo que gracias a aquellas conversaciones no me volví loco. Durante días hablé con personas que eran o habían sido importantes en algún momento de mi vida: amigos de toda la vida, compañeros de colegio, instituto o universidad, primos, antiguas novias, conocidos que habían hecho deporte conmigo, amigos de la playa...

Aquella cuarentena por el coronavirus cambió mi forma de entender la vida para siempre. **Paradójicamente** (Paradoxerweise), fue mi móvil el que me permitió ver por fin la importancia de la familia, la amistad y las relaciones personales de verdad. Precisamente esas para las que, en circunstancias normales, no necesitamos casi nunca nuestro teléfono móvil.

* **La Nochebuena** ist der Heiligabend am 24. Dezember, an dem sich die Familie zum gemeinsamen Essen trifft. Die traditionelle Bescherung erfolgt allerdings erst am 6. Januar, denn dann bringen die Heiligen Drei Könige die Geschenke, auch wenn in den letzten Jahren immer öfter die Kinder schon am 24. Dezember Geschenke bekommen.

conectar con bluetoth
mit Bluetooth verbinden
el modo avión
Flugmodus
la compañía telefónica
Telefonanbieter
la conexión
Verbindung
la cobertura
Empfang
estar en línea
online sein
la red
Netz
el wifi
WLAN
el móvil
Handy
la tecla
Taste
el micrófono
Mikrofon
la tarjeta SIM
SIM-Karte
la pantalla
Display
los componentes técnicos y accesorios
technische Komponenten und Accessoires
el altavoz
Lautsprecher
la batería
Akku
el cargador
Ladegerät
los auriculares
Kopfhörer
la cámara
Kamera

hacer/recibir llamadas
Anrufe tätigen/empfangen

enviar/recibir mensajes
Nachrichten senden/empfangen

escuchar música
Musik hören

las acciones

Aktionen

apagar(se)
ausschalten

encender(se)
anschalten

jugar
spielen

hacer fotos/vídeos
Fotos/Videos machen

navegar en internet
surfen

http://

el despertador
Wecker

la agenda
Terminkalender

el calendario
Kalender

las aplicaciones y otras funciones

Apps und andere Funktionen

la alarma
Alarm

el manos libres
Freisprechanlage

la calculadora
(Taschen-)Rechner

el navegador
Browser

12 Vuelo cancelado (Flug)

CANCELADO - CANCELLED

Las dos palabras podían leerse en intervalos de pocos segundos en el **monitor** (Monitor) de la terminal 4 del **aeropuerto** (Flughafen) de Madrid-Barajas para mi vuelo a Berlín en aquella tarde de septiembre. Muchos pasajeros, impacientes y bastante nerviosos, se acercaban a los **mostradores** (Schalter) y las oficinas de **atención al cliente** (Kundenservice) de las diferentes **compañías aéreas** (Fluggesellschaften) para solicitar información que el **personal de tierra** (Bodenpersonal) no siempre era capaz de dar. La palabra **huelga** (Streik) era repetida una y otra vez como la explicación a los **retrasos** (Verspätungen) y **cancelaciones** (Streichungen) de numerosos vuelos, mientras varios **ejecutivos** (Manager) de traje y corbata intentaban buscar en sus móviles alternativas menos cómodas como el **AVE*** (Hochgeschwindigkeitszug), coches alquilados o incluso taxis.

Después de esperar más de una hora sin recibir información, por fin una empleada de la compañía aérea se acercó para comunicarnos que teníamos derecho a recibir unos **vales** (Gutscheine) para comida en un restaurante del aeropuerto y, por supuesto, **alojamiento** (Unterkunft) para esa noche en un hotel cercano. Además, nos prometió que los vuelos alternativos ya estaban programados para las próximas 24 horas.

Llamé inmediatamente para **aplazar** (verschieben) mi **ponencia** (Vortrag) en la Universidad Humboldt de la mañana siguiente y acepté mi mala suerte, decidido a no ponerme furioso por algo que ya no tenía solución. "Invitado" por la compañía, me fui a comer uno de esos bocadillos de aeropuerto con mucho pan y poco jamón serrano, acompañado de una cerveza a precio de Gran Reserva, para luego tomar un autobús lleno de **pasajeros** (Passagiere) frustrados que me llevó a un cuatro estrellas no muy lejos del aeropuerto. Ya en el hotel, y mientras recibía la llave de mi habitación, le pregunté al recepcionista si disponían de un bar para tomar una copa antes de acostarme.

Apenas un cuarto de hora más tarde, después de dejar mi **equipaje de mano** (Handgepäck) en el cuarto, ya estaba sentado en la barra del bar pidiéndole un gin-tonic a un joven camarero con poco trabajo y menos ganas de conversación.

Los hielos de mi copa no habían empezado a **derretirse** (schmelzen) cuando apareció al final de la barra una elegante mujer tan misteriosa como atractiva.

Después de pedir al muchacho un cóctel, mientras se sentaba en uno de los **taburetes** (Hocker), me regaló una sonrisa como saludo. Tenía el pelo muy liso y llevaba un elegante traje negro de falda y chaqueta con blusa blanca. Sus largas piernas terminaban en unos zapatos de tacón preciosos, seguramente de algún diseñador famoso que yo no conocía.

Cuando el camarero le sirvió la copa y ella la levantó hacia mí **en un gesto de brindis** (mit einem Zuprosten), respondí igualmente con mi gin-tonic. Aunque soy bastante tímido, **me atreví** (traute ich mich) entonces a empezar una conversación con ella sobre vuelos y aeropuertos que duró menos que la primera copa. Al segundo cóctel ya hablábamos de trabajo, y para el tercero **compartíamos** (teilten wir) experiencias en países que los dos habíamos visitado. Antes de terminar el cuarto **trago** (Getränk), y con el joven camarero deseando acabar su turno de trabajo, nos confesamos mutuamente nuestros **estados civiles** (Familienstände). Frente a mi eterna **soltería** (Singledasein), ella me contó que acaba de divorciarse después de un breve matrimonio sin hijos.

Entre sonrisas cómplices y besos un poco alcoholizados, le dimos permiso a nuestro camarero para terminar su jornada laboral a cambio de una botella de champán que nos llevamos a mi habitación.

Cuando la luz que entraba por la ventana me despertó, ella ya no estaba acostada a mi lado. Me levanté con la esperanza de encontrarla desnuda debajo de la ducha, como en una mala película, pero en el cuarto de baño tampoco había nadie.

Me duché y me vestí confiando en que la encontraría en el comedor de desayuno, y fui consciente de que solo sabía que se llamaba Sofía, pero que no tenía ni su número de teléfono ni otros datos personales. Bajé a un comedor ya casi vacío y, después de un desayuno rápido, me fui a la recepción:

—¡Buenos días! Estoy en la habitación 551, ¿puede decirme si alguien ha dejado algún mensaje para mí?

Después de mirar bajo el mostrador y en la pantalla del ordenador, el recepcionista respondió sin dudarlo:

—Lo siento, señor Prado, no tenemos nada para usted.

Con una ligera **resaca** (Kater) y algunos nervios, esperé casi una hora en el hall del hotel hasta que decidí preguntarle al recepcionista si me podía decir si una mujer llamada Sofía ya había dejado su habitación. Me costó varios minutos de argumentos románticos y 100 euros para acabar con la **ley de protección de datos** (Datenschutzrecht) del hotel, pero por fin aquel empleado de moral **sobornable** (bestechlich) me confirmó que Sofía había pedido un taxi al aeropuerto a primera hora de la mañana. Recordando que vivía en Málaga, pedí urgentemente otro taxi con la esperanza de llegar a verla todavía en la terminal. Cuando llegué, comprobé en los monitores que el vuelo a Málaga acababa de despegar. Después de pasar el **control de seguridad** (Sicherheitskontrolle) y ver el mostrador cerrado con mis propios ojos, me fui a mi **puerta de embarque** (Flugsteig), cuando ya por megafonía anunciaban que era la última llamada para los pasajeros de mi vuelo. Fui la última persona que entró en aquel avión. Mientras **arrastraba** (zog) mi maleta por el pasillo no dejaba de preguntarme, enfadado conmigo mismo, por qué no le había pedido su número de teléfono.

Cuando llegué a mi **asiento** (Sitz), el 29C, mi cara cambió cuando vi a la pasajera del 29B. Sonriendo al ver mi reacción, Sofía dijo con una voz un poco resacosa:

—En esta vida, hay aviones que no se pueden perder.

* **AVE** (Alta Velocidad Española): Abkürzung für einen spanischen Hochgeschwindigkeitszug.

en el aeropuerto
am Flughafen
la cancelación
(Flug-)Streichung
el oberbooking
Überbuchung
la compañía aérea
Fluggesellschaft
el vuelo
Flug
el monitor
Monitor
el retraso
Verspätung
el destino
Reiseziel
la huelga
Streik
HOTEL
el alojamiento
Unterkunft
la indemnización
Entschädigung
la atención al cliente
Kundenservice
el vale
Gutschein
el equipaje dañado
beschädigtes Gepäck
la reclamación
Beschwerde
el personal de tierra
Bodenpersonal
la pérdida de equipaje
Gepäckverlust

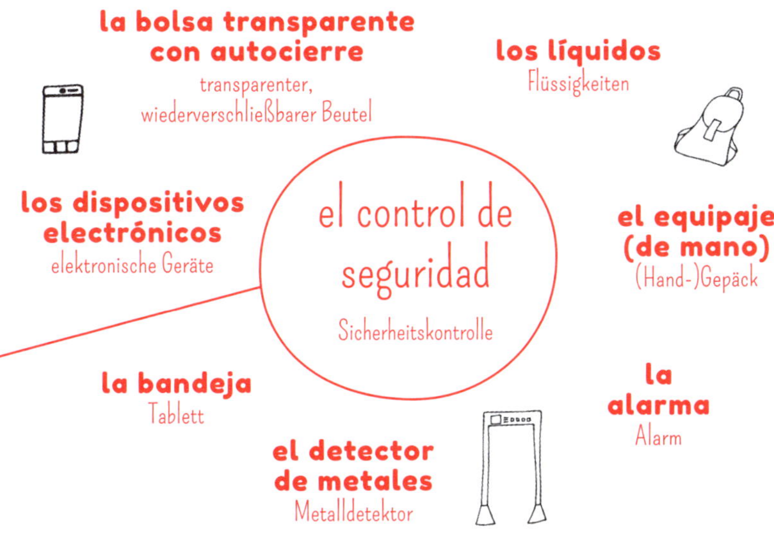
la bolsa transparente con autocierre
transparenter, wiederverschließbarer Beutel
los líquidos
Flüssigkeiten
los dispositivos electrónicos
elektronische Geräte
el control de seguridad
Sicherheitskontrolle
el equipaje (de mano)
(Hand-)Gepäck
la bandeja
Tablett
la alarma
Alarm
el detector de metales
Metalldetektor

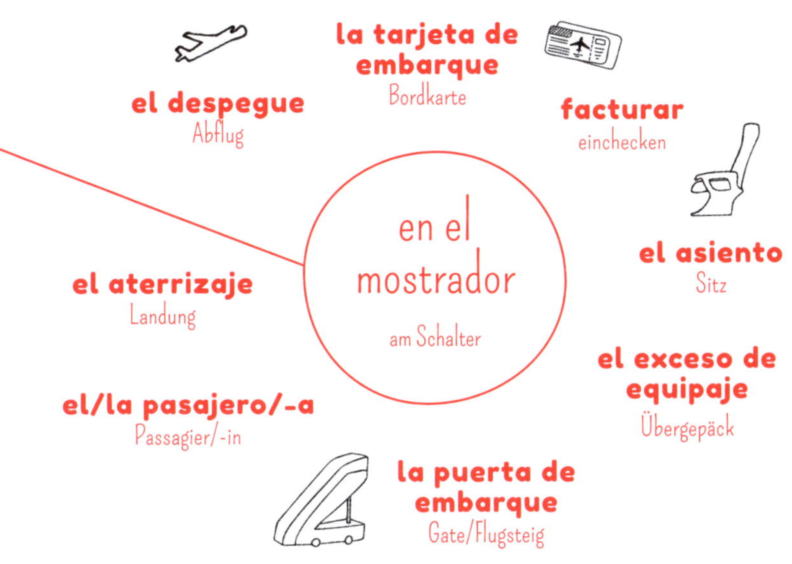
la tarjeta de embarque
Bordkarte
el despegue
Abflug
facturar
einchecken
en el mostrador
am Schalter
el asiento
Sitz
el aterrizaje
Landung
el exceso de equipaje
Übergepäck
el/la pasajero/-a
Passagier/-in
la puerta de embarque
Gate/Flugsteig

¿Quién era ella?

¡Plaaaf! La puerta de mi apartamento se cerró con fuerza y el ruido llegó a mis oídos como una bomba que explotó en el interior de mi cabeza y me despertó **de golpe** (plötzlich). Abrí los ojos poco a poco y me senté en la cama mientras notaba que los restos del alcohol en mi estómago cocían un tsunami de gran intensidad.

En la **carrera** (Lauf) por el pasillo de mi casa, desde mi dormitorio hasta el cuarto de baño, estuve cerca del récord olímpico de 100 metros. Abracé la **taza del váter** (Toilettenschüssel) para vaciar todo lo que quedaba en mi estómago después de un número de horas indeterminado en mi cama. De rodillas, con mi cabeza casi introducida en aquel **agujero** (Loch) negro que me permitía liberar el **veneno** (Gift) de mi cuerpo, intenté recordar la noche anterior.

Una imagen muy confusa de una mujer muy atractiva vino de repente a mi cabeza y me acordé del ruido de la puerta que me había despertado segundos antes. Estaba tan confuso que no recordaba en absoluto qué había pasado ni quién era aquella mujer. Apenas habían pasado un par de minutos, así que pensé que si tenía suerte y ella había tenido que esperar un rato el ascensor, quizás todavía podría verla por la ventana mientras salía del portal. Corrí de nuevo y salté por encima de mis zapatos, mis pantalones y mi camisa, para abrir rápidamente la ventana a la calle de mi cuarto.

Desde la ventana de mi **ático** [Dachgeschoss], situado en la novena planta del edificio, vi como una preciosa **melena** [Mähne] morena cerraba la puerta del portal. Aunque **me asomé** [ich mich (weit) hinauslehnte] bastante, desde mi posición solo pude ver que llevaba un abrigo rojo y unos **zapatos de tacón** [hochhackige Schuhe] negros, pero **no logré** [ich schaffte es nicht] ver su **rostro** [Gesicht].

Justo en ese momento llegó un taxi que se paró enfrente del portal. Ella abrió la **puerta trasera** [Hintertür] y entró en el coche, que desapareció por la esquina al final de la calle. Noté entonces el aire frío en la cara que me despertó definitivamente y cerré la ventana para examinar la magnitud del desastre en mi habitación: toda mi ropa en el suelo, con la cartera saliendo del bolsillo de mis vaqueros, un par de monedas, el **reloj** (Uhr) y las llaves de mi piso sobre la mesilla de noche y mi móvil a los pies de la cama, que indicaba que eran las 12:21 del mediodía y que disponía de un 4% de batería.

Todavía en **calzoncillos** (Unterhose), me senté en la cama y busqué en mi teléfono alguna **pista** (Spur) o ayuda para **recomponer** (rekonstruieren) la noche anterior.

En primer lugar, **comprobé** (stellte ich fest) que tenía dos mensajes no leídos: uno de mi madre diciendo que mi hermana y yo estábamos invitados a comer paella el domingo en su casa y otro en el grupo de amigos del gimnasio con un vídeo de caídas absurdas que no me pareció **divertido** (lustig) en absoluto.

Busqué en mi lista de llamadas y en mis mensajes enviados.

Mi experiencia personal después de otras **memorables** (denkwürdige) **borracheras** (Trinkgelage) me había enseñado que una aplicación para prohibir el uso del móvil después de beber alcohol sería un gran **invento** (Erfindung). Por suerte, esta vez no había llamado a mi exnovia. Aunque ella es una chica muy **abierta** (offen) y **tolerante** (tolerant), su actual novio, un "armario" de gimnasio con tantos **músculos** (Muskeln) como **tatuajes** (Tätowierungen), no es especialmente **sociable** (umgänglich) cuando lo despiertan a las cuatro de la madrugada.

Después de beber directamente del **grifo** (Wasserhahn) agua suficiente para llenar la piscina municipal, me tomé dos ibuprofenos para intentar parar los efectos de la bomba atómica que había explotado en mi **cerebro** (Gehirn). Una ducha y dos cafés más tarde empecé a sentirme persona y continué con mi intención de saber quién era la chica que había dormido en mi casa. Busqué alguna nota con un nombre o un número de teléfono en el dormitorio, en la sala y en la cocina, pero estaba claro que se había ido sin despedirse.

Intenté **rescatar** (befreien) de mi alcoholizado cerebro mis últimos recuerdos y me vi a mí mismo bailando con aquella chica morena de **pendientes** (Ohrringe) dorados en la discoteca de moda de la ciudad. En ese momento recordé como Rodrigo, mi mejor amigo, charlaba en la barra con otra de las chicas, que era un poco schüchtern **tímida**. Inmediatamente lo llamé por teléfono, y después de seis tonos eternos, contestó con una voz que prometía una Kater **resaca** tan grande como la mía. Le pedí ayuda para completar las Gedächtnislücken **lagunas** de mi noche de fiesta, pero por desgracia tampoco me pudo ayudar demasiado:

—No me acuerdo muy bien. Yo me fui a casa con Lucas y solo sé que tú estabas bailando con aquella chica morena. Tú te quisiste quedar en lugar de venir con nosotros.

Llamé entonces también a Lucas, pero aunque él no había bebido, no me dio mucha más información:

—La verdad es que ibas bastante borracho, pero no querías volver a casa (ugs.) auf gar keinen Fall **ni loco**. Decías todo el rato que aquella chica era la mujer de tu vida.

Con la horrible sensación de no recordar el nombre de la que podría ser la futura madre de mis hijos, volví a mi cuarto para buscar en mis bolsillos ALGO para localizar a aquella chica.

Me pasé las horas siguientes con los ojos fijos en el móvil sin recibir ninguna llamada o mensaje.

Empecé a preguntarme si quizás en mi piso le había dicho algo inadecuado y quizás por eso aquella chica estaba enfadada conmigo. Seguramente esa era la razón para irse sin despedirse...

Cuando ya estaba desesperado, sonó mi móvil, que cogí nervioso, pero el nombre de mi hermana en la pantalla y sus palabras me devolvieron a la dura realidad:

—¡Vaya borrachera, hermanito! Cuando ayer te encontré en la disco ibas fatal. Suerte que te llevé a casa y me quedé a dormir ahí. Esta mañana no he querido despertarte... **Me debes una** (Du bist mir was schuldig), ¡y veinte euros del taxi!

la descripción personal
Personenbeschreibung
el aspecto físico
Aussehen
los músculos
Muskeln
el rostro
Gesicht
el tatuaje
Tätowierung
la melena
Mähne
el piercing
Piercing
la barba
Bart
el peinado
Frisur
el bigote
Schnurrbart
el carácter
Charaktereigenschaften
amable
freundlich
divertido/-a
lustig
tímido/-a
schüchtern
aburrido/-a
langweilig
abierto/-a
offen
sociable
umgänglich
tolerante
tolerant
extrovertido/-a
extrovertiert

los complementos de vestuario
Bekleidungsaccessoires
el paraguas
Regenschirm
el pañuelo
Halstuch
el cinturón
Gürtel
el bolso
Handtasche
el gorro
Mütze
los zapatos de tacón
hochhackige Schuhe
la bufanda
Schal
los guantes
Handschuhe
las gafas (de sol)
(Sonnen-)Brille
las joyas
Schmuck
el pendiente
Ohrring
el anillo
Ring
la cadena
Kette
el broche
Brosche
el colgante
Anhänger
la pulsera
Armband
el reloj (de pulsera)
(Armband-)Uhr
el collar
Halskette/Collier

Una tarde en el Prado

Unas tres o cuatro veces al mes, Jordi usaba lo que en toda España se conocía popularmente como el "puente aéreo", esto es, la conexión en avión entre las dos ciudades más importantes del país, Madrid y Barcelona.

Aunque en los últimos años las nuevas tecnologías y las videoconferencias permitían reducir el número de vuelos anuales que los **ejecutivos** [Führungskräfte] de las empresas más importantes del país estaban obligados a realizar, él todavía volaba casi una vez a la semana a Madrid desde Cataluña.

En la capital del país, Jordi se reunía con clientes y **socios** [Teilhabern] de otras grandes firmas con las que tenían negocios. Aunque casi siempre iba y venía en el mismo día, a veces alguna cena importante lo obligaba a dormir en Madrid. Muy de vez en cuando las reuniones le dejaban un **hueco** (Lücke) libre para poder disfrutar también un poco de la ciudad y visitar rápidamente sus **museos** (Museen) o alguna de sus atracciones turísticas. Incluso un par de veces había ido a algún concierto o al teatro después de conseguir una entrada en el último segundo.

A última hora de aquella mañana de octubre, la secretaria de Jordi lo llamó por teléfono para comunicarle que el señor Herranz acababa de anular por motivos de salud la reunión que los dos tenían en el centro de Madrid.

Jordi, que ya se encontraba en la plaza Mayor, decidió entonces visitar el Museo del Prado **para aprovechar** (um auszunutzen) las cuatro horas que faltaban para su vuelo de regreso a Barcelona. Un año antes sí había podido visitar el Museo Reina Sofía, en el que **se exponen** (werden ausgestellt) las **obras de arte** (Kunstwerke) de los **artistas** (Künstlern) más famosos del **siglo XX** (20. Jahrhundert), como Pablo Picasso, Salvador Dalí o Joan Miró. Pero hacía mucho tiempo que tenía ganas de visitar de nuevo el Prado, al que no había vuelto desde una excursión en el instituto cuando era un adolescente.

Después de comprar una **entrada** (Eintrittskarte) en la **taquilla** (Schalter), Jordi entró por la puerta principal y dejó su pequeña maleta en la **consigna** (Gepäckaufbewahrung) del museo.

Mientras que algunos grupos de escolares y turistas recibían las explicaciones de sus guías turísticos, Jordi optó por tomar prestada una **audioguía** (Audioguide) que le iba explicando en cada **sala** (Saal) el **movimiento** (Stilrichtung), los **pintores** (Maler) y los **cuadros** (Gemälde) más importantes de esa **etapa histórica** (historischen Epoche).

Después de admirar rápidamente *El caballero de la mano en el pecho* de El Greco, y considerando que tenía poco tiempo para todo lo que le gustaría ver en el museo, Jordi decidió **fijar prioridades** (Prioritäten setzen) en su visita.

Se tomó una hora para la primera parte de su **recorrido** (Rundgang), en la que pudo admirar los cuadros expuestos de uno de los pintores españoles más importantes de toda la historia de España, Diego de Velázquez.

Durante sus más de 30 años como pintor de la **casa real** (Königshaus) en el siglo XVII, el sevillano logró producir **verdaderas** (wahrhaftige) obras de arte donde, con su impresionante **técnica** [Technik], convierte sus **lienzos** [Leinwände] en imágenes casi fotográficas desde nuevas perspectivas.

Jordi admiró los detalles y el gran realismo que, como otros pintores importantes del **Barroco** [Barock] español, Velázquez dio a su obra, como en su famosísimo cuadro *Las Meninas*.

Con la sensación de que el tiempo corría demasiado rápido, el **improvisado** [spontane] turista catalán se dirigió a la siguiente sala del museo, donde comenzaba la **exposición** [Ausstellung] de cuadros de la época de la **Ilustración** [Aufklärung], en la que Francisco de Goya era el artista más importante.

Allí Jordi pudo ver personalmente cuadros tan famosos como *La familia de Carlos IV* y *La maja desnuda*, que él recordaba perfectamente gracias a las fotografías de sus libros de Historia y Arte en el colegio.

En la parte en la que se mostraba la etapa de las *Pinturas negras* del artista, que Goya pintó sobre los muros de su propia casa cuando ya estaba **sordo** [taub], Jordi vio uno, con el título ***Duelo a garrotazos*** [Duell mit Knüppeln], que llamó especialmente su atención.

El ejecutivo catalán se paró un rato delante de la imagen para
betrachten Knüppel
contemplar a los dos hombres que levantaban dos **palos** y
sich bedrohten
se amenazaban de modo agresivo.

sich (feindlich) gegenüberstanden
Aquellos dos campesinos que **se enfrentaban** en sus tierras
Kampf
se habían convertido para siempre en el símbolo de la **lucha** de las dos Españas. Ambos reflejaban hasta el día de hoy la metáfora de dos vecinos que, en lugar de vivir en armonía,
gelingen
disputan sin **lograr** solucionar sus problemas por medio de las palabras y tienen que usar métodos violentos.

Después de casi diez minutos de reflexión delante de la pintura de Goya, Jordi miró el reloj y se dio cuenta de que ya era demasiado tarde. Pensó entonces que tenía que darse prisa si no quería perder su vuelo, así que recogió su maleta en la consigna y salió muy rápido del museo.

Tanto en el taxi que lo llevó al aeropuerto como en el propio avión, Jordi no dejó de pensar en el último cuadro de Francisco de Goya que había visto en su visita al Museo del Prado.

Ya en Barcelona, otro taxi lo llevó a su casa cruzando alguna de las principales calles de la ciudad. En el centro, el conductor tuvo que cambiar de dirección varias veces por los **enfrentamientos** (Auseinandersetzungen) entre manifestantes a favor de la **independencia** (Unabhängigkeit) de Cataluña y los Mossos d´Esquadra*.

Muy triste, comprobó como en aquel otoño catalán las dos Españas seguían usando la violencia. Completamente frustrado, se preguntó por qué a veces era tan difícil hablar para lograr una solución a un problema que podía resolverse sin tirar ninguna piedra, sin quemar ni un solo contenedor, sin ninguna **batalla campal** (Straßenschlacht) entre manifestantes y la Policía. En definitiva, sin levantar ni un solo palo.

* **Mossos d'Esquadra:** Bezeichnung für die katalanische Polizei.

las etapas históricas

historische Epochen

la Prehistoria
Frühgeschichte

la Época Clásica
Klassik

el Imperio Romano
Römisches Reich

la Edad Media
Mittelalter

el Renacimiento
Renaissance

el Barroco
Barock

la Ilustración
Aufklärung

el Romanticismo
Romantik

el Neoclasicismo
Neoklassizismus

el siglo XX/XXI
20./21. Jahrhundert

el cuadro

Gemälde

el/la pintor/-a
Maler/-in

la obra de arte
Kunstwerk

el título
Titel

el retrato
Porträt

el autorretrato
Selbstporträt

el estilo
Stil

la técnica
Technik

el movimiento
Stilrichtung

el/la artista
Künstler/-in

la consigna
Gepäckaufbewahrung
el/la vigilante
Aufseher/-in
la entrada
Eintrittskarte
la sala
Raum
la visita
Besuch
la taquilla
Schalter
el recorrido
Rundgang
la audioguía
Audioguide
exponer
ausstellen
la exposición
Ausstellung
en el museo
im Museum
el pincel
Pinsel
la espátula
Spachtel
el bastidor
Keilrahmen
el material
Material
la pintura
Farbe
la paleta
Palette
el caballete
Staffelei
el lienzo
Leinwand

La fuerza del destino

Schicksal

Mi padre no era **supersticioso** (abergläubisch) y creo que no lo vi jugar nunca a la **quiniela** (Fußballtoto) ni a la ONCE*. Pero no lo hacía por ser **tacaño** (geizig) o por la lógica que yo uso como profesor de Matemáticas. A él simplemente no le gustaban los **juegos de azar** (Glückspiele) y solía decir que no creía en la **buena suerte** (Glück) para llegar a ser millonario. A su manera personal, mi padre creía en Dios. Era una persona de rutinas y costumbres y los domingos solía ir a misa con mi madre a la iglesia de la **parroquia** (Gemeinde). Allí descansa desde su muerte, hace ya más de siete años, y allí todavía le lleva mi madre flores frescas todas las semanas.

Cuando mi padre tenía 25 años y era un joven **recién casado** (frisch verheiratet), la **casualidad** (Zufall) **lo convirtió en padre** (machte ihn zum Vater) exactamente el mismo día que a su mejor amigo, Amancio.

Así, el día que yo nací, el 18 de septiembre de 1965, los dos matrimonios amigos estaban en el mismo hospital celebrando el nacimiento de sus dos bebés. Mi madre todavía hoy dice con una sonrisa que aquella noche mi padre y Amancio se tomaron más de un whisky para celebrar el nacimiento de sus primeros hijos. No importa si fue por la enorme alegría por ser padres, por los efectos del alcohol o por la combinación de ambas, pero la verdad es que los ojos de los dos amigos brillaban de felicidad cuando volvieron al hospital después de horas de celebración. Como ellos mismos solían contar, aquella noche los dos amigos reservaron dos **boletos** [Lose] del 18965 para la **Lotería de Navidad** [Weihnachtslotterie], el número que les recordaba la fecha más importante en sus vidas, el 18 del 9 del 65. A partir de entonces **prometieron** [versprachen sie] jugar juntos ese mismo número todos los años. Desde que tengo memoria y durante toda mi infancia y juventud, recuerdo como Amancio venía a casa a principios de diciembre para traerle a mi padre su **décimo** [Zehntellos] de Navidad con el número 18965. Siempre el mismo número, que decían juntos en voz alta: "dieciocho mil novecientos sesenta y cinco". Un número tan feo o tan bonito como otro cualquiera porque, en contra de lo dicen los vendedores de lotería, no hay números bonitos ni números feos. El boleto con el número 44444 tiene exactamente la misma **probabilidad** (Wahrscheinlichkeit) de ganar el **premio gordo** (Hauptgewinn) que el 00000, el número más bajo del sorteo. Precisamente esa cifra tan original es, según dice mucha gente, la que compra por tradición cada año la familia real española. Para todo el mundo, pagar la lotería que se juega en común es un **acto de honor** (Ehrensache). Con esa excusa, Amancio venía todos los años a principios de diciembre a mi casa, y mi padre y él salían a tomar unos vinos.

Así, todos los años, poco antes de los días festivos de Navidad, los dos amigos conservaban la tradición de recordar la noche que había cambiado sus vidas para siempre.

Aunque Amancio todavía tenía la fantasía de que, por fin, aquellas Navidades **les tocaría a ellos** (sie gewinnen würden) la lotería, mi padre simplemente disfrutaba de los recuerdos con la seguridad de que él nunca ganaría el premio gordo.

Jahr für Jahr
Año tras año, Amancio y mi padre siguieron jugando aquel número, aunque jamás llegaron a recibir nada más que alguna
Kleinstlotteriegewinn Erstattung der Einsatzsumme
pedrea para pagar una cena o el **reintegro** que se consigue cuando se tiene la última cifra del premio gordo.

Mi padre murió un mes de agosto con mucho calor. En aquel duro momento, también Amancio, su mujer y su hijo nos acompañaron y estuvieron a nuestro lado. Como es lógico, durante aquellos días, nosotros no pensamos en absoluto en la lotería y nadie habló del tema. Pero cuando casi cuatro meses más tarde, Amancio nos llamó para darnos el boleto de Navidad de mi padre, yo no supe qué decir.

Después de hablar con mi madre y con mi hermana, le dije, muy
dankbar
agradecido, que preferíamos no volver a jugar a la lotería.

No sé si a Amancio le molestó aquella reacción, pero imagino que por respeto a nuestro dolor, aceptó nuestra decisión de no querer continuar con la tradición.

Ich muss zugeben
Reconozco que los primeros años después de la muerte de mi padre, cada 22 de diciembre, miraba casi de modo automático

si el 18965 había ganado por lo menos algún premio pequeño. Y cada año **comprobaba** (stellte ich fest) que aquel número recibía 0 euros en el **sorteo** (Ziehung) de Navidad e imaginaba a mi padre diciendo que él ya sabía que a nosotros nunca nos iba a tocar la lotería.

Y así fue cada año hasta hoy, siete años después de la muerte de mi padre. Como cada 22 de diciembre, los niños de San Ildefonso* me han despertado con su volumen monstruoso. Pero esta vez lo han hecho cantando el número "dieeeeeciooocho mil noooovecieeeentos seseeeenta y ciiiiincoooo", al que corresponde el premio gordo de Navidad. Esto significa que cada boleto de 20 euros como el que compraban mi padre y su amigo Amancio recibe la cantidad de 400.000 euros.

Después de comprobar que no era un error, completamente seguro de que el mejor amigo de mi padre tenía un décimo con aquel número, llamé muy feliz a Amancio para **darle la enhorabuena** (ihm zu gratulieren) por su premio.

En aquel momento pensé en mi padre, y supe que él también se alegraría muchísimo por su mejor amigo y su familia.

Después de felicitarlo, bastante emocionado, escuché las palabras de quien entiende que la amistad no termina con la muerte:

—Muchas gracias, hombre. Cuando quieras puedes pasar a recoger vuestro boleto. Este y el de los últimos seis años. Ya sabes que pagar la lotería es un acto de honor, me debes 140 euros.

* **ONCE (Organización Nacional de Ciegos Españoles):** Bezeichnung für die spanische Blindenorganisation, die Blinde und behinderte Menschen unterstützt und ihnen mit dem Verkauf von Lotterielosen einen Arbeitsplatz ermöglicht.

* **Los niños del Colegio San Ildefonso:** Schüler des Colegio San Ildefonso aus Madrid ziehen in einer dreistündigen Liveübertragung im Fernsehen die Nummern und die dazu gehörenden Gewinne der Weihnachtslotterie.

el trébol de cuatro hojas
vierblättriges Kleeblatt

la herradura
Hufeisen

el amuleto
Glücksbringer

tocar madera
auf Holz klopfen

tener buena suerte
Glück haben

el horóscopo
Horoskop

cruzar los dedos
die Daumen drücken

el destino
Schicksal

ser gafe
ein Pechvogel sein

el gato negro
schwarze Katze

levantarse con el pie izquierdo
mit dem linken Fuß aufstehen

tirar la sal
Salz verschütten

tener mala suerte
Pech haben

pasar bajo una escalera
unter einer Leiter hindurchgehen

brindar con agua
mit Wasser anstoßen

martes y 13
Dienstag, der 13.

romper un espejo
einen Spiegel zerbrechen

apostar
wetten
ganar
gewinnen
ser supersticioso/-a
abergläubisch sein
tocar(le) a alguien
etwas gewinnen
la porra
Tippgemeinschaft
los juegos de azar
Glücksspiele
la casualidad
Zufall
el bote
Jackpott
perder
verlieren
la pedrea
Kleinstlotteriegewinn
el reintegro
Erstattung der Einsatzsumme
lotería de Navidad
Weihnachtslotterie
el bombo
Lostrommel
el boleto
Los
el sorteo
Ziehung
el décimo
Zehntellos
el (premio) gordo
Hauptgewinn

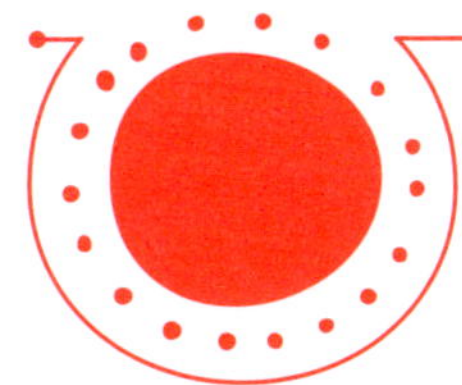

Bildquellenverzeichnis

S. 14, 38, 39: Shutterstock/DrAndY; **S. 14, 38, 39, 110:** Shutterstock/Maria Averburg; **S. 14, 54, 62, 63:** Getty Images/topform84; **S. 15:** Shutterstock/Fafarumba; **S. 15:** Shutterstock/Farah Sadikhova; **S. 15:** Getty Images/macrovector; **S. 15, 87:** Shutterstock/primiaou; **S. 22, 23.4:** Shutterstock/Orfeev; **S. 22, 47:** Getty Images/veekicl; **S. 23:** Shutterstock/Natasha Pankina; **S. 23:** Shutterstock/Netkoff; **S. 23, 118, 119:** Shutterstock/primiaou; **S. 30.4:** Shutterstock/alex74; **S. 30, 31:** Shutterstock/Macrovector; **S. 37:** Shutterstock/Katerina Kirilova; **S. 39:** Shutterstock/Natasha Pankina; **S. 40, 42:** Shutterstock/kornn; **S. 46:** Getty Images/FrankRamspott; **S. 46:** Shutterstock/Valeriya_Dor; **S. 46:** Shutterstock/Yuzach; **S. 46, 78:** Shutterstock/AuraLux; **S. 47:** Shutterstock/Prokhorovich; **S. 47, 70:** Shutterstock/primiaou; **S. 47, 110:** Shutterstock/Rattikankeawpun; **S. 47, 127:** Shutterstock/redchocolate; **S. 53:** PONS GmbH/PONS GmbH; **S. 54:** Shutterstock/AuraArt; **S. 54, 55:** Shutterstock/primiaou; **S. 54, 62:** Shutterstock/artnLera; **S. 55, 111:** Shutterstock/schiva; **S. 62:** Getty Images/kyuree; **S. 62, 63:** Shutterstock/topform; **S. 62.1:** Getty Images/veekicl; **S. 63:** Shutterstock/Goodreason; **S. 63, 94, 95:** Getty Images/fleaz; **S. 70, 71:** Shutterstock/mhatzapa; **S. 71:** Shutterstock/marssanya; **S. 72:** Shutterstock/Netkoff; **S. 77:** Shutterstock/HN Works; **S. 79:** Getty Images/topform84; **S. 79, 102, 118:** Getty Images/Dina Mariani; **S. 86:** Shutterstock/Artur Balytskyi; **S. 86:** Shutterstock/josep perianes jorba; **S. 86:** Shutterstock/Prokhorovich; **S. 86:** Shutterstock/redchocolate; **S. 86, 102, 103:** Shutterstock/primiaou; **S. 87:** Shutterstock/Artur Balytskyi; **S. 87:** Shutterstock/Daniela Barreto; **S. 87:** Shutterstock/primiaou; **S. 94, 95, 102:** Shutterstock/Ohn Mar; **S. 95, 119:** Shutterstock/Tiwat K; **S. 102:** Shutterstock/redchocolate; **S. 102, 103, 119:** Shutterstock/AuraArt; **S. 110:** Shutterstock/Ola_view; **S. 111:** Shutterstock/Victoria Sergeeva; **S. 118:** Shutterstock/primiaou; **S. 118, 119:** Shutterstock/Fafarumba; **S. 119:** Shutterstock/mhatzapa; **S. 126:** Shutterstock/balabolka; **S. 126:** Shutterstock/Katerina Kirilova; **S. 126.2:** Shutterstock/Panda Vector; **S. 126, 127:** Shutterstock/Saint A; **U1:** Shutterstock/Arcady; **U1:** Shutterstock/Atstock Productions; **U1:** shutterstock/GCapture